做夢的勇氣

門田英司
Eiji Kadota——著

推薦序

做讓自己快樂的事

鈕大可
經典流行音樂創作、製作人

認識門田是在一九九五年台北傳播藝術學院 Taipei Communication Arts（TCA），那時候他剛從日本來台灣擔任學校的副校長，而我是學校的顧問。記憶中當時的門田，沉默寡言，話不多（也許是因為語言的關係），負責學校的管理和一些教學工作。剛到台灣，一切都還不適應，對台灣音樂的環境也都不甚了解，每次開會也都必須透過翻譯互相溝通，對他來說應該是一段相當辛苦的日子。

當時門田壓力頗大，一方面要管理，一方面要整理編排各種課程的教材，又要安排自己的教學課程，時間似乎不太夠用，根本就沒有自己練吉他的時間。以他對音樂的熱愛和執著，我覺得那不是他喜歡的工作，只是秉持一種傳承的觀念在做一些授業培育下一代的事情。而我除了兼一些課程之外，就是提供一些國內音樂方面的資訊給學校做參考，其實那時候我和門田之間的交集並不是很頻繁，都在為學校的事忙著。

真正和門田開始常接觸應該是他再一次回到台北，他開始從事一些編曲、錄音的工作，很多唱片公司也都邀請門田為他們的歌手編曲和演奏。我和門田有一些合作，我們曾經一起做了一趟巡迴的演出。相處的時間多了，才發現他對音樂的熱愛和對音樂想法是非常有自己的見解，因為他知道他要什麼，雖然話還是不多，但是那個時候的門田是快樂的！二〇一五年他得了金曲獎最佳演奏專輯獎，上台第一個感謝的人居然是我，讓我很感動。

門田和我學習音樂的背景年代是相同的，我們聽的音樂都是七〇、八〇年代的音樂，那是西洋音樂最蓬勃的年代，百花齊放。但是音樂的資訊卻很貧乏，練習的過程也比較辛苦，買了唱片用唱盤來回不停地聽，摸索樂器的彈法，抓和弦、聽歌詞，不斷地練習、組團演出，相對的，實力也是比較扎實的。

學習音樂的過程很辛苦，持續地反覆思考後，立定目標，堅持而不輕言放棄，穩固的音樂基礎，認真學習的態度，不斷地苦練，思考和琢磨每一首曲子每一個音符的細膩感，慢慢培養出自己的特色，不斷突破自己、超越自己、走出自己的路，這些都是書中所闡述的重點，這是門田的奮鬥過程，是一本勵志的書。

音樂不只是音樂，沒有對錯，只有好與不好，不是絕對的藝術，有人喜歡，有人不喜歡，是學無止境的。玩音樂的人——門田英司說：音樂真正的目的，是要帶給人歡樂的！

不改初衷，沒有邊境

鍾興民
音樂製作人、編曲家、作曲家

如同認知的日本人在台灣的給人印象一樣，溫文儒雅、有禮貌，這是我對門田老師的第一個感覺。在二〇〇二年左右，周杰倫的雙節棍，還有羅大佑、梁詠琪、品冠、鄭秀文、梁靜茹等等，我們合作過的歌曲很多了。不過後來，到二〇一九年的六月，一直都沒有再合作的機會了。

在這之間偶而會聽到門田老師的消息，他結婚、當了爸爸、教了很多學生、出演奏專輯了、獲獎了。我們曾聯繫過一起組個團，但一直沒付諸行動。彼此在個人崗位上努力、學習、養家活口，但卻有一個同樣的信念維繫著我們，那就是對音樂的熱愛。只是現在各自以不同的形態存在這個圈子裡，仍在為自己的理想奮鬥中。

本來以為在日本環境會比在台灣好，在看完門田老師的書之後，才發現並不然，而且二者特別像。我與老師的出身比較接近，有著相似的奮鬥過程，非常能體會他對音樂的愛有多深，所有的努力都是為了能跟夢想更靠近一點。面對沒有邊境的未來，永遠都覺得哪裡不夠好，需要再接再厲，這也是我們來到這世界的唯一使命。

看到門田老師在台灣落地生根，作育英才。我實是非常佩服及慚愧，因為我不像他有耐性在教育上下功夫，老師為台灣的音樂圈培養出許多優秀的年輕人，進而影響了整個音樂創作的提昇，功不可沒。

這本書裡清楚記載了他學習的過程，這對當今年輕人來說是一個很好的借鏡，無論是在技術上或心理層面都能啟發一定的作用力。

在此祝福門田老師新書能影響更多的年輕人，在迷惘的過程中找到方向，在成功的時候不忘回頭再看看自己，一切盡在不言中。

從彈奏到生活，都有獨到的哲學

林正如
河岸留言老闆，獨立音樂的推手，也是國內著名的吉他大師

門田老師是我認識大約二十五年亦師亦友的前輩，當年從 MI 畢業歸國的時候，拿著美國老師的推薦函得以在 TCA（台北傳播藝術學院）任教吉他，便開始了與門田老師的共事。我們一起帶合奏課，他帶節奏組，我帶旋律和聲組，課堂上見識到他對音樂的嚴謹與熱情，每個細節每個譜記不苟絲毫，讓我對音樂教學有了另一番認識。

那時候的門田老師總是帶著一群學生代表著 TCA 做許多的戶外商業表演，和學生們打成一片，玩在一起，生活在一起，每個學生都非常愛戴他景仰他，這群學生裡面後來有人還成了大明星呢！那個酷酷的、帶著貝雷帽背著吉他的帥哥老師，

身影總是深深地烙印在每個人的心裡。

這些年來陸續聽聞他開設教學工作室、做演唱會、錄音 Session、在台灣成家立業、出個人專輯……一步步不急不徐地實踐了自己的想法與理念，那個圈內朋友都熟悉的 Eiji-san 總是令人豎起拇指，打從心底裡欽佩。後來我們仍有多次的活動再度合作，有的是評審工作，有的是表演活動，也終於在小河岸有了幾次愉快的共演，聽他開始抱怨地說眼睛老花了，這個那個痛的，才驀地裡驚覺時間過得好快呀～二十五年就這麼地過了。

門田老師和我有著許多共同的喜好，教吉他、玩老 Fender、老 Amp、老效果器、Vintage Gears，喜歡 Blues influence Music - Rock / Funk / Jazz / Fusion，Michael Landau 是我們共同的偶像，當年 Michael 來河岸留言表演時，安排門田老師坐在他正前方，絕對是最高的禮遇。

回顧一路走來，門田老師的手采與姿態依舊，不改初衷，專注於音樂與教學，老茶樹不爭春，但底蘊總是如此豐沛。

用熱情活出想要的樣子

呂聖斐
音樂製作、統籌，曾獲金曲獎最佳演奏專輯獎、金馬獎最佳電影原創音樂、金音創作獎最佳樂手獎

這不是一本跟音樂知識能力的相關書籍，是一位音樂人的人生體悟，你不必要是音樂人才能閱讀本書。透過作者的體驗會讓你參考、思考現在的人生，你夠認真地努力、面對，或投注熱情在你所謂的夢想了嗎？閱讀本書，我再一次地檢視了自己的人生，勇敢選擇，拾回對人、事、物的熱情。

從小因為山葉電子琴的相關活動，很早就接觸了日本籍的老師以及日本職人們，感受到他們在各方面都非常地頂真、謹慎的態度。打從門田老師在台北 TCA 時，當時我還是一個熱愛音樂的大學生，就聽聞了他的為人處事以及琴藝。而他定居台灣之後的音樂生涯，熱心專業堅持地從事吉他教學的心，也常從很多我身邊的

朋友以及他的學生中聽聞。很多日本人對台灣的人來說，相處起來常有一種不容易碰觸到內心的感受。真正開始比較能理解、認識他真實的個性是在錄製他個人專輯的那一陣子。

我總是喜歡在錄音或表演前，來一些酒精飲料幫助自己放鬆，用一種讓自己內心或肢體舒服的狀態，來讓我想說的音樂能順利的流瀉出來。所以在完成門田老師個人專輯製作的過程中，我恣意地藉酒精讓自己放鬆之餘，主動地跟他討論、放開地跟他玩著音樂、開著玩笑，實際地感受到他的謹慎、細心以及那份對音樂的熱情跟愛，那種想讓音樂能長出自己的樣貌又不限制別人創意流瀉的心意以及寬容。

或許我也生性敏感吧，我常常能感受到老師的細膩、害羞，跟像小男孩的那顆心，哈哈哈。在讀完了這本書之後，更能夠理解門田老師在音樂這件事情上面的堅持、熱情，跟這些辛苦的過程，以及當中磨練出的體悟跟心法，所以也很想推薦給已經在這條路上，或是準備要進入這個行業的人，能夠閱讀一下他的心路歷程還有想法。

或甚至你只是個喜愛音樂的人，不妨讓門田老師用音樂為框架，為你們訴說一個熱愛音樂的小男孩，怎麼樣從產生興趣、經歷挫敗的過程，到確認自身的熱愛、與現實拉鋸，最後堅持選擇的人生經歷。我想每個人都能在閱讀他的人生故事中，類比到自己的人生，得到一些有趣的啟發，或是產生出激勵自己，或堅持下去的動力。

想做的事，沒有太早或太晚

甯子達
Yellow Funky Stuff Bass 手，
門田英司《The Flow》專輯製作人

認識門田是二〇〇六年的事了。當時組了我們的第一個樂團 Yellow Funky Stuff，兩個日本人加一個台北小孩的組合，一起寫歌、一起在各個 Life House 演出，磨合了一年後在二〇〇七年錄制了第一張獨立製作的同名專輯。

在那之後我們繼續演出了四年，直到鼓手因個人因素回到日本生活，於是我們就在二〇一二年突然變成了 Yellow Funky Stuff「Project」也就是由門田和我，再加上各位不同類型的客座鼓手演出 YFS 的歌；在那一年的時間裡，雖然也形塑了更多不同的音樂風格，但我們心裡都知道，其實該為這個三缺一的 Trio 劃下句點了。

直到二〇一三年的某一天門田對我說，他想要做一張真正屬於他自己的專輯。我聽了超級興奮，於是以製作人＋貝斯手的身份跟他一起去了日本錄音，甚至後來還自己無償去紐約幫他找了樂手同步錄音，親自在紐約幫他混音、到後來親自幫他寫文案，幫他設計專輯封面內頁，一切的一切，都只是為了想見證他當時這個熱血的搖滾記錄；就算他很謙虛，口口聲聲說只是想對自己有個交代罷了，但我還是覺得這樣有熱情的音樂應該要被更多人聽到才是，後來得獎的事，也都是歷史了。

初衷這兩個字，在我認識門田爺的這十五年裡，在他身上是一直都看得見的，不論是製作、演奏還是教學，很多事情上他都非常堅持自己的原則。這是日本人的特性嗎？我不確定，但對我而言，他一直是一個很特別的存在，像是一種精神、一股力量，你可以隨時感覺得到，甚至可以說是一種武士道精神。

他在音樂之路上從沒有懷疑過，對自己誠實、保持熱情，就是唯一出路。

在這十幾年裡我很幸運的在第一時間、用第三人稱的角度從他身上看到學到了非常多東西；或許我們近年來鮮少合作，也各自有自己的生活和音樂道路，但我無比感激有門田這樣的一個人，曾經一起熱血搖滾過，這些寶貴的經驗是無論如何都不會被拿走的。

我常和學生說，如果想要跟一位你喜歡欣賞的樂手學習，一定要把他的背景環境、成長經歷和他彈奏的東西結合，才能得到更完全的畫面。現在這本書就是最好的途徑，「要做出什麼樣的音樂，得先活出什麼樣的人生」。認識門田後，我深信不疑。

目次

Part

I

渴求的，都去追求

Part

II 人生是一連串的選擇

Part

III 決定讓什麼留在生命裡

Part IV 與不可知的未來共處

Part V

珍惜你愛的和愛你的

Part VI

學生眼中的門田

關於

門田英司，來自日本的大師級吉他手、作曲編曲家、製作人，樂齡達四十年以上，是擅長 Rock、Funk、Fusion、Jazz、Folk 等眾多類型的全方位音樂人。一九六〇年出生於日本九州鹿兒島市，本身為專業錄音吉他手及各大演唱會專屬樂手，三十多年的教學經驗，加上其音樂深度及廣度，極受各界推崇！

比起吉他教父，更喜歡別人稱他為一個愛玩音樂的人。為了走上音樂之路，毅然決然結束念了兩年的大學課業，開始當起其他音樂人的助理，每天工作超過十二個小時。並於隔年開始，正式成為錄音吉他手，開始為廣告、電影、舞台劇等作曲編曲。

分別於一九八六年、一九八七年獲得法國的邀請，參與 Printemps de Bourge 音樂季，與 Daniel Lanois（U2 名製作人）等藝人同台演出。隨後拓展版圖至加拿大參加 Vancouver 爵士音樂季，並在溫哥華以及渥太華等城市巡迴表演。

回國後，在東京傳播藝術學院擔任專業音樂科的科長，一九九五年因在台灣設立分校，遂被派至台北分校擔任副校長。在台近三年期間，同時從事錄音、編曲、作曲等工作，雖曾因台北分校結束經營，短暫回到日本，最後仍決定定居台灣，並在這裡結識了自己的另一半。

二〇一四年製作發行第一張個人專輯《The Flow》，並於隔年得到金曲獎演奏類最佳專輯獎。二〇一七年以製作與編曲身分，負責范安婷的第一張專輯《我的國語，你聽不聽得懂》，同年入圍金音獎最佳樂手。隔年專輯正式推出，並入圍金曲獎演唱類最佳演唱錄音專輯獎。

現以老師身分，開辦玩琴工房，依據日本東京傳播藝術學院的完善教學系統，從吉他技巧、編曲、樂理等領域，採取漸進式單元的教學。

「可以一邊彈吉他，一邊擁有一份穩定的收入，這本身就已經夠幸福了。」門田英司這樣說，「你喜歡的東西，對於你來說，代表了什麼意義？最重要的事情是，你知不知道自己要的是什麼？」從一個沒有任何音樂背景的大男孩，僅憑自己的努力與熱情，一步步走上舞台，成為吉他教父；靠著自學，跟隨內心的聲音，堅持做熱愛的事。

「一個音，代表每一小步。我在練琴的時候，都會問自己，這樣的彈法與之前的差別在哪裡。一些看似繁瑣無聊的小事，在我眼裡，都成了重要的大事，如果一小步，都無法好好走穩，那麼要怎麼起步，又如何能起舞呢？」為自己的夢想拚盡全力，對喜歡的事情充滿熱情，人生地圖沒有方向，但絕對擁有選擇的權利。

經歷

1973年 開始彈吉他

1975年 正式出場表演

1981年 成為日本頂級鼓手村上ponta秀一的助理

1982年 正式擔任錄音吉他手

1983年 開始為廣告CF、Jingle、電影、舞台劇等作曲編曲

1986年 參加法國Printemps de Bourge Music Festival音樂節、與Daniel Lanois（U2的名製作人）等藝人同台演出

1987年 參加法國Printemps de Bourge Music Festival音樂節

1988年 參加加拿大溫哥華爵士音樂節（Vancouver Jazz Festival），並在溫哥華及渥太華等城市巡迴表演

1990～94年 擔任Tokyo School of Music專業音樂科科長

1995～97年 來台擔任Taipei Communication Arts（TCA）副校長，同時開始吉他、編曲、作曲等錄音室工作

1998～99年 擔任Osaka School of Music廣報課長

2000～02年 Sony 新力唱片公司專屬作曲家

2004年 玩琴工房負責人

2007年 Yellow Funky Stuff 吉他手

2010年 發行 Yellow Funky Stuff 第一張專輯《Yellow Funky Stuff》

2014年 發行第一張個人專輯《The Flow》

2015年 金曲獎入圍三項（演奏類最佳專輯／最佳專輯製作人／最佳作曲人），最終獲得演奏類最佳專輯獎；金音獎也是入圍三項（最佳爵士單曲／最佳樂手／最佳現場演出）

錄製／演出合作

Aaron Comess
Keith Carlock
Jun Kung（恭碩良）
村上 Ponta 秀一
難波弘之
そうる透
千野秀一
坂田明
寒河江勇司
福田ワサブロー
周杰倫
范逸臣
林曉培
陶晶瑩

S.H.E.
郭富城
戴愛玲
鄭秀文
Sweety
威威二人組
梁詠琪
品冠
卓文萱
梁靜茹
高慧君
康康
劉虹樺
張清芳

黃小琥
葉樹茵
Dragon5
羅大佑
蕭煌奇
林宥嘉
蕭敬騰
楊宗緯
許茹芸
糖兄妹
范曉萱
……等等

Part

I

渴求的，都去追求

從來沒想過，自己的音樂之路會這樣發展。我只是一個愛玩音樂的人，到現在仍是如此，因此就算遇到這中間所發生的種種波折，像是人們常說的辛苦、困難、阻礙，似乎也不是那麼絕對了。畢竟，能一直與喜歡的事情相伴，一切就值得了。

受限於傳統觀念，走音樂這條路勢必會引起家庭革命，幸運的是，哥哥已經開了第一槍，讓我毫無懸念，勇往直前。更感恩父母的包容與放手，有他們默默地支持，才是驅策我繼續努力的最強後盾。

踏出第一步的那一刻

音樂占據了我人生的一大部分，它到底有什麼迷人之處，我想，應該是那些音符碰撞出的火花，總能讓人看見框架之外的驚豔。

第一次接觸到音樂，是因為哥哥的關係。我們一家人原本住在鹿兒島，那裡步調緩慢且幽靜，在我讀幼稚園的時候，因父親被調到東京總部工作，所以舉家搬遷，當時，只有哥哥留了下來。

他每年只有寒暑假時，會來東京與我們同住，因年紀差了八歲，以及分隔兩地的關係，我們並沒有太多的交集。唯一比較有印象的是，他喜歡關在房間裡，聽著一九六〇年代的經典音樂，其中包括披頭四樂團的歌曲，那些熱血揮灑的青春，隔著房門，從縫隙裡流洩而出，為小小年紀的我，留下對音樂的喜愛。雖然以前的回憶，片片斷斷，有點模糊，也有點破碎，唯獨對音樂這件事的印記，怎麼樣也無法被抹滅。

我覺得喜歡與愛，是完全不同的事情，一個人可以喜歡很多東西，但如果談到愛，那就會多了一份責任。因為愛，所以不輕易割捨，更不輕談放棄，就算面對再多的挑戰，也會因為熱愛，而繼續堅持下去。

許多事情我們都無法控制和預見，即使選擇輕鬆的路，也不代表一定快樂，人生可以失敗、可以錯步，但不能逃避、不能將就，要得到想望的東西，除了努力、付出，還需要一點勇敢和傻勁。

想要的，自己爭取

走在音樂這條路上，風風雨雨，有起有伏，曾低潮過，曾風光過，甚至在二〇一五年，因《The Flow》專輯得到金曲獎的演奏類最佳專輯獎。有人問我：「你已經走到人生的巔峰，接下來呢？」什麼是人生巔峰？什麼是地位？這些字背後所涉及的意義，究竟是什麼？對我來說，一點都不重要，重要的是態度。

真正開始玩吉他，是升上國一後，因為朋友想換一把新的，所以把舊的轉送給我。那是我的第一把吉他，想到曾聽過的旋律，能透過自己雙手把它彈出來的喜悅，讓我越玩越有感覺，一直沉溺於其中。

很快地，木吉他已經無法滿足我的需求，轉而開始想玩電吉他。為了完成這個心願，我利用清晨時分當起送報員，每天不到三點，便開始挨家挨戶送報紙，就這樣過了半年，終於存到一筆錢，買了人生第一把電吉他，還和朋友一起組團玩音樂。

那段期間，我們常常窩在貝斯手的家中，他的父母皆是藝術家，天性浪漫，幾乎不管小孩，連噪音也是。所以我們不時群聚在他家的地下室練團，練什麼好像也不太重要了，真正讓我印象深刻的是，我們開心彈奏著，享受樂器碰撞出的火花，以及音符聲量的激昂。總之，無論如何，怎麼樣都能盡情釋放，沒有人會開門，叫我們：「安靜！」

回想起那個時候的自己，一邊上課一邊打工，同時練團還有打棒球，看起來好像很忙、很累，可是對我來說一點也不。累歸累，卻十分享受其中，因為這些都是我想要的，既然如此，那更不會輕言放棄，這就是我的態度。

現在，很多人會稱我為音樂教父，我卻喜歡稱自己是「門田英司」，因為這裡面除了父母的傳承外，還有那始終未變的男孩。我，還是那個喜歡玩音樂的人，我就是我，沒有地位，沒有頭銜，如此簡單。

直球對決

在彈吉他之前，我最先接觸的是棒球。小學三年級時，住家附近有一位退休的職業棒球選手，會在周末早晨教小朋友打棒球，我抱著好奇心也一起加入練球行列。原本以為只是純粹地，和同年級的小朋友一起揮揮棒、打打球，沒想到迎來的卻是魔鬼般的訓練。

他是一個極為嚴格的人，除了例行性的棒球指導外，為了訓練反應力，特別設計了一款遊戲。每個人在地上挖一個屬於自己的小洞，排成一列，然後投球進誰的洞，那個人就需立刻去拿球，並砸向別人，如果被打到，就算出局，得面臨可怕的懲罰。首先，要脫掉上衣，然後背對大家，任人猛烈丟球，這樣的後果，就是整個背會像拔罐之後紅通通的一片，痛得不像話，但印象中，好像沒有人因為害怕，就選擇不去，反而認為這只是訓練而已。

重要的不是環境，或是嚴苛的對待，而是經歷那些過後的選擇。

棒球一路打到國中，突然間就對棒球失去興趣了，然後上高中之後開始打橄欖球，邊打橄欖球邊玩音樂，同時準備考大學。原本一心一意想要當英文老師，所以考上立教大學（Rikkyo University）文學部英文學系，沒想到進去之後，發現要念的東西與想像的完全不同。於是為了接下來的人生認真思考，什麼是自己可以一直做，而且不會感到無聊的。反覆地想了又想，似乎自己一直在從事的，就是玩音樂，那就選擇這條路走看看吧！

從鼓手助理出發

我的家境並不富裕，因此不會有多餘的錢，能讓我去就讀音樂相關的學校，為了要維持生活開銷，我選擇休學，然後打工賺錢，一邊等待機會能夠與音樂領域更靠近。後來透過朋友介紹，順利當了頂級鼓手村上秀一的助理，於是展開了我與音樂的這段旅程。

很多人會問我：「你明明想當吉他手，為什麼會選擇當鼓手的助理？」我覺得，如果只跟著吉他手，能開拓的視野有限，但跟著鼓手時，會透過他和不同的吉他手合作，這樣一來，可以學習的對象就越來越多了。心裡對於自己想要的方向，一直有很清楚的想法，所以我踏上的是一般人少走的路。

因為相信，所以持續前進，因為堅持，所以不會放棄。

當了助理之後的日子，幾乎全天待命，除了例行錄音工作外，連同私生活的應酬邀約，都得隨時在旁陪同，每天忙得不成人形。很多人說這份工作，能做到半年是奇蹟，我做了快一年，才因身體無法負荷而提出辭呈。

或許有人會說，其實沒必要拚成這樣，但對我而言，這只是一個過程。當你在這之中，面臨到一種快要撐不下去的狀態時，才能清楚知道這是不是自己所要的，如果真心想要，那就會找到方法，去面對，去解決。

要與不要，其實隨時可以喊停，重點是能不能看見自己要的是什麼？

許多人在面對選擇時，總會有不少考量，那些雜七雜八的想法，在腦海裡轉了千百回，實際付出行動的卻少之又少。有些學生會跑來問我：「如果我一直彈吉他，未來可不可以成為職業樂手？」面對這樣的問題，我有點困惑，你的未來怎麼會是由我來定義？因為沒有人可以知道將來怎麼發展，有時候連自己也不清楚，但可以確定的是那個結果，如果沒有堅持，繼續往下，就不會有可能。所以重要的不是想結果，而是想不想做。

給自己一個選擇，一個嘗試，簡單地去試看看；撕下標籤，捨棄成功的定義，就像孩子隨意拿起一個物品，開心的把玩那樣。沒有害怕、沒有擔心、沒有顧慮，因為好玩，就這樣慢慢地，走出自己的路。

做夢是件快樂的事，如何把夢變為現實卻是一件需要勇氣的辛苦活，在這過程中，需要很多的熱情，抱有熱情，就能生出超越的力量，可以激發出更多的熱忱，創造出更多的可能。

跳出熟悉的舒適圈

一九八一年，大學二年級的我，選擇要走音樂這條路，所以決定休學。一般來說，這樣的決定勢必會掀起家庭革命，只是我很幸運，這場革命早由哥哥發起，顛覆了父母的思維。

分隔兩地的生活，讓哥哥嘗到自由的甜頭，甚至發現自己對電影的喜愛，從高中就開始去片廠工作，甚至放棄了名校的資格，一心只想鑽進電影的世界裡。父母原本寄望孩子能一路就讀明星學校，然後出社會進入大企業工作，沒想到卻演變成這樣。曾經的失落與惆悵，經過歲月的沉澱後，反而對我的教育鬆手許多，甚至多半不過問，只是默默支持。

「你對事情的認真程度，和你爸爸一樣，所以我就不擔心你了，反正你都會很認真地去做。」母親常常這樣對我說。

我想起對父親的記憶，記得他常提起十六歲那年，是第二次世界大戰期間，當時負責駕駛飛機的他，屢屢經歷生死關頭，但總在最後一刻，順利將機頭拉起，飛回天空。那時候，他原本應該是在學校上課的學生，因戰爭關係，不只賭上人生更賠了學業。

但這些阻礙，卻始終澆不熄父親想學習的心，每次都趁大家睡著後，帶著幾本書，偷偷地躲在廁所裡面看，微黃的燈光在頭頂搖搖晃晃，那顆努力向上的心卻堅定不移。

精力集中在想做的事情上

在即將邁入六十歲的這一年，我也有了自己的家庭和兩個小孩，夾在上一輩與下一代間的自己，能留給孩子什麼？應該是有責任的態度吧！

有一天早上，原本應該在家練習打擊樂的女兒，卻因沒有人在旁監督而隨便敲擊，這種要練不練的態度，是我無法接受的。我對她說：「如果不想再做這件事，就主動和老師說要退出打擊樂社團，否則，請拿出態度好好練習。」當下，女兒嚇了一跳，默默地拿起樂器，開始認真練習。

我從來不勉強別人一定要做什麼，像是孩子成績要拿到幾分、或是要考上什麼學校。我重視的是，在這些之外，有沒有自己想做的事情。如果有，就算不念書也沒關係，只要能清楚知道那是自己要的，然後堅持下去，懂得為自己的選擇負責任。

無論是從事音樂或是其他行業，我覺得人可以被歸類成兩種類型，一種是家境良好，想要什麼就有什麼，另一種則是凡事都要靠自己。這兩種類型，沒有好壞，差別在於是否面對過困難與挑戰。就像溪水裡的鵝卵石，如果不曾經歷過長期的激流沖擊，就無法孕育成如此光滑圓潤的外型，生活中所遇到的種種，會造就你不同的面貌。

你之所以為你，正是因為那些曾發生過，且勇敢面對後的結果。

如果說真的能留下什麼給下一代，我希望能傳承的是自己一路成長的過程。安迪・沃荷曾說：「走得多慢都無所謂，只要不停下腳步。」每一步，都因選擇而堅定。這條人生之路，並不是要和誰比賽，反而應樂在其中，面對一次又一次的選擇，並如實地聆聽自己的聲音，然後繼續堅持下去。

盡力而為

每次遇到挫折，或是聽見有人訴說煩惱纏身時，我常想：「可不可以再忍耐一下？可不可以再堅持一下？」因為每條路都是自己選擇的。若能找到一件喜歡的事，而且有機會持續進行，其實是很幸運的。不是每個人都可如願，能不能再給自己與這份喜愛一次機會，走到最後看見收穫，端視個人的決心。一旦放棄了就什麼都沒了，是真的沒了，像是從來都沒發生過那樣。

選擇想要的路不代表一定會成功，就算失敗了也沒有關係，真正重要的是努力以後沒有遺憾，才對得起自己。每個人都會死，卻不是每個人都真正活過，初衷往往很單純，現實總是很殘酷，放棄有一千條理由，堅持卻只需要一個。如果你有夢想，卻因路途中的挫敗而放棄，怎麼想都是一件非常可惜的事情。

一九八六年，我受朋友之邀去了法國，參加一年一度的 Printemps de Bourge

音樂節。大家聚在一起為表演做準備，在沒有任何腳本的情況下，要每個人即興創作出屬於自己風格的東西。當時，團隊領導人請我試彈看看，我彈了又彈，他聽了只是默默地問：「還有別的嗎？」

我開始著急了，因為那些我會的幾乎都已經彈過了，卻無法達到對方的要求。當下，是我第一次感覺到慌張，人在異地，想放棄也已經不可能了，因為人都在這了，能怎麼辦呢？

我只好一直練一直試，但整個世界像是與我作對般，越想要彈出些什麼，越是無法找到那個關鍵的點。最後我放棄了，我真的是很認真地覺得算了，既然怎麼樣也無法做到，那就認命吧。認命這件事情，不是雙手一攤擺爛，也非任由生命擺布，而是認清自己當下做不到。

許多時候，我們總是想證明些什麼，或太急著追求，反而容易執著。那個執念不只僵化了思想，更讓身心緊繃，而無法盡情發揮。最後在那個全然放掉的時刻，我鬆了一口氣，一放鬆身體也跟著輕盈起來，沒想到竟彈出自己意想之外，亦能帶給別人驚奇的音符。

雖說人得要思考，可是有時候想太多也不行，還是要適時放鬆。在那次的經驗之後，我學到的，完全不同於原本當職業吉他手的想法，即是少說一點話，多留一點空間。

不一樣的年代，一樣的人生迷惘

每一次合作或是教學時，大家都會先問我：「老師，今天要彈什麼？」我回答：「看你啊，我都可以。」他們聽到時都會愣一下。我想，樂器本身始終是一個物品，能夠賦予它意義的是彈奏者，假如我先說了要彈的類型，那就像是把海水裝進了瓶子裡，學生會失去想像力，無法想像海水的寬廣，少了那段自我探索的碰撞，會降低很多樂趣！

所以，我會花非常多的時間，細細聆聽他們所要彈的內容，有時聽一聽覺得好像不對，就會慢慢抽離自己的身分，以一個旁觀者的角度再去欣賞，漸漸地品嘗出其中的韻味。我的腦袋裡，經常不斷地上演這樣的情節，然後發現框架之外的可能性。玩音樂最有趣的，就是那個超乎預期之外，完全不一樣的東西。

這些事情如果我沒有堅持，也許就不會看見，所以我認為每個人還是要真誠地面對自己，你是誰？你的價值是什麼？你的重心在哪裡？這些東西是無論活到幾歲，有沒有退休，始終要面對的。

大學休學後有長達半年時間，我幾乎沒有什麼收入，連路邊雜草都吃過。但無論如何，我都不會放棄喜歡音樂這件事，因為喜歡，就不容易受其他人影響，我只想把所有的精力花在上面。也因為這麼的喜歡，所以不會花時間在害怕身上。不管是誰都偶爾會對自己惴惴不安，與其窮擔心，恐懼未來的不可知，不如專注做好當下能做的事。

很多人會說「現實很難很難、很苦很苦」、「時代不一樣了」、「沒有條件」、「環境不好」、「活不下去了……」可是放棄了喜愛的事，不代表就會不累、不辛苦。為了維持一個穩定，賠上快樂，少了熱情，日子過得跌跌撞撞，這樣忙了一遭，究竟為了什麼？

我認為的幸福是做自己喜歡的事情，同時能養活一家人，就算有一天，再也沒有學生要來找我上課，我還是會繼續玩音樂，只是用別的方式賺錢，例如到便利商店打工，怎麼樣都能找到辦法活下去，只要你清楚自己的定位在哪。

別人怎麼看你、對你都不重要；你自己怎麼面對這些事情，以及有沒有在過程中，持續地反思與努力才是重點。假如一個小孩在他的年紀，達到了大人的成就，使他成為天才兒童，假如不繼續努力，長大後仍停滯在原地，那麼他不就是「小時了了，大未必佳」嗎？

隨著年紀的增進，如果少了努力，那麼過往的風采依舊如風飄散，所以現在我也會和自己的小孩說：「做什麼都好，只要你想清楚，然後持續不間斷就對了。」

人生當然不會因訂立了方向，就一路順遂，過程中仍有不同的挑戰，大部分的人，總是將不滿的情緒轉嫁他人身上，抱怨為什麼會有這樣的事情發生？或是對方為什麼要如此反應？但有想過自己做了什麼或是沒做什麼嗎？這才是應該要好好想清楚的。

透過不同角度的反覆思考，才能找到癥結點，像是解開密碼一樣，你會發現問題的源頭越來越清晰，真相終將大白。誠實地面對自己，看清自己，人生的定位會越來越精準。

我從不覺得自己有什麼雄心壯志，只想一直做著喜歡的事，當然會有感到辛苦、沮喪和茫然的時刻，但總在這些時候，更能再次發現，什麼是自己真正的渴望。

1972

東京東大原國小與棒球隊的投手

從小三到國中，
棒球在我的生活中佔了很大的分量。

1977

在新宿高中與橄欖球隊的同學們
上了高中後，突然對棒球失去興趣，
開始邊打橄欖球邊玩音樂。

1979

與大學同學

考上立教大學文學部英文學系，
開始認真思考人生。

1981

擔任村上秀一的助理

想當吉他手，所以跟著鼓手當助理，
展開了我的音樂旅程。

1984

在東京錄音室製作電影配樂

不同的體驗增加了我的基底能量，因為有過去的那些，
才有更多更多的生命思考出現。

1987

在法國 Printemps de Bourge Music Festival 音樂節表演之前

當下的挫折與感受，都在內心發酵，
在未來成為了我的養分。

1995

即將從東京出發到台北，與父母吃飯
堅持著自己的信念，就算一路遇到許多困難，
也想堅持面對、勇敢克服。

Part

Ⅱ

人生是一連串的選擇

學習之前，最重要的是知道為什麼而學，每個人都會有一個自己的答案。我永遠不會忘記小時候聽見披頭四的震撼，當你找到想學的源頭時，才有練習的方向，會為了更好而努力地達到目標。如此一來，慢慢地，你不只前進了，還走出自己的路。

學習是學了之後，要會習用。不只是練習一首曲子而已，還要將它的音符和旋律拆解，摸索出它的獨特味道，這樣，才能彈奏出屬於自己的風格，顯現你和他人不一樣的地方。

唯一的答案，就是沒有答案

以前所謂的自學與現在相差很多，那個差距大概是現代人所無法想像的，因為過去什麼都沒有，現在只要打開電腦，各種資源都能找得到。

當時練習的方法，是用黑膠機以最慢的轉速，播放出想要練的歌，接著用錄音帶錄製下來，反覆地一直聽，慢慢的摸索出每一個音，之後才彈出整首曲子。

很多時候都是處在一個「沒辦法」的狀態，然後想辦法去完成，那時沒有任何資源可以依賴。或許會比較花時間，但我覺得正是這樣的限制，才能創造出最大的可能性，因為沒有人會跟你說對不對，沒有任何資訊可以參考，更找不到譜。如果你很想要把這首歌練起來，只能持續、重複、不厭其煩地聽，自己想法子彈出來。

雖然這樣的練習非常麻煩，但各種可能都會發生。那時，如果想要表現出破音，不會有效果器這種東西可以輔助，什麼都沒有的我們，發現用錄音機收音時，當機器無法承受過大的音量所錄製出來的音，就會破音。以現有的資源努力呈現，因為這樣也是破音的一種方式，不是嗎？

就因為什麼都沒有，所以才會動腦筋，想辦法解決問題，結果不只是練習程度上有所提升，更創造出屬於自己的成就感。我的腦海中都還清清楚楚地記得，國中第一次上台表演的那首歌，每一個音要怎麼彈。這種自己一步一步的紮實練習，是不會被歲月淹沒的。

所以，我想自學最難的地方，往往不在於技術面，而是知不知道自己要得到什麼，要怎麼練習，特別是後者，最容易迷失方向。

現在外面的資訊太多，反而無法專心，甚至還會有一種莫名的擔憂，覺得自己是否跟不上流行的腳步，所以一直要去學習；甚至模仿久了，連自己原本的特質都會忘記，眼裡只剩下那些要追求的事物。

可是，你真的知道流行是什麼嗎？現在流行的東西，真的是新的嗎？其實，許多東西可能只是以前沒聽過，但早就流行過。但到了現在，加入了一些新的元素再度流行起來，所以你以為自己會跟不上，可是「跟不上」這件事情，對我而言是完全不存在的。

與其擔心，不如好好專心想想，自己真正要的到底是什麼？

從思考中發現更多的可能

學習音樂之前，先問問自己，這件事對你有什麼意義？你為什麼想要學？每個人都一定有被吸引的原因，就像我是小時候聽到披頭四的歌，想要彈出這些歌曲一樣。每個人的原因不盡相同，但要先思考，自己真正喜歡的那個動機是什麼。

那個動機絕對不是單純地覺得，當吉他手看起來很炫，或是很好玩，而是有某個吸引你的點，唯有這個點，才會讓你真的想要認真地學習。找出那個動力，否則這條路會因為缺乏動力，而無法堅持往前。動力就像是一種提醒，會在每一個想放棄的時刻，點亮一盞燈，指引你繼續再走下去。

其實行動很簡單，找一個自己喜歡的樂團，或是一張專輯，甚至是一首歌，然後專心地一直聽，重複聽，把這些歌聽到滾瓜爛熟，讓這些旋律完全地進到你的心裡。再開始嘗試去模仿，看看能不能彈奏出那個感覺，當聽見的與彈出來的有落差時，就會知道自己哪裡需要突破。因為很喜歡，所以會持續不斷地去試，也因為想把這個東西彈出來，會督促自己去思考，慢慢的找出方法。

尋找的過程不只緩慢，更挑戰耐性，有時會讓人急得想要上網找答案，或是直接放棄。但一旦得到答案，就像是拿到快速通關券直接走向終點，你會永遠習慣用這樣的方式解決問題，而無法靠自己的能力找到方法。長此以往，會讓你無法看見自己需要補足的，以及那些未曾看見的可能性。

所以，為什麼說自學前必須找到動力，是因為這樣漫長地探索，需要有動力支撐，否則一下子就會退回原點，宣告放棄。但有了動力，會帶來對未知的好奇心，會讓人願意堅持，才能不斷地嘗試。給自己一個不一樣的起點，忽略資訊、關閉網路，放下所有能快速找到答案的方式，讓自己從發出疑問開始，不斷地問自己，這樣練、這樣試、這樣的方向對不對？

做好眼前的事

時代變遷下的現在看似便利，卻好像漸漸喪失了思考力，無論是自學或是在學校，甚至出了社會，如果缺乏思考，什麼都做不好。做任何事情，只要沒有「想」，就等於白做了。

在當村上秀一助理的期間，每天都忙得沒有時間練習吉他。有一次趁他們在錄音時，我利用等待時間，準備拿起吉他練習，結果被村上指責，他說：「你要練習是自己的事，就算每天僅有一分鐘可以練，只要拿出態度，那一分鐘就已足夠。可是你人已經在錄音室，那就應該好好地在這個環境中學習，哪怕只是觀察，也是一種學習。」

必須在當下做好眼前的事，並努力去觀察、去揣摩，思考別人與自己的差別。

那時，我也是以成為像他們一樣的錄音型樂手為目標，所以很好奇他們來現場錄音，會用什麼樣的器材。其中最令我驚訝的是，原來樂譜上面根本沒有寫什麼，只是一些簡單的內容，而要如何彈出自己的部分，並和現場的其他樂器結合，靠的就是自己的實力和表達力。我開始在腦海裡想像他們會怎麼呈現，並和他們實際彈出來的畫面做比較。

這些想法，不斷地在大腦中出現、碰撞，最終內化成自己的養分，如此這般反覆交流，才能真正地理解並明白，自己接下來要走的方向是什麼。

容易走的路都是下坡路

在教學前，我會先問學生：「你想要達到什麼樣的目標？」他們的回答多半含糊，而且自己並不清楚這模糊的點，總會說：「希望自己可以變強。」我能明白，想要讓自己程度變好所以來找我上課。

可是為什麼從來不會去思考，自己不會變強，不會變好，這背後的原因是什麼？難道是沒有跟著厲害的老師學習的關係嗎？

學生聽到都會停頓一下：「欸？」（心想：老師到底在講什麼？）

有沒有帶著思考的態度去練習，會決定學習的高度。思考的意思，是在做每一件事情時都心存疑問。只要抱持這個心中問號去執行時，就會非常清楚自己要的是什麼，然後為了落實，開始設立目標，從短期、中期、甚至到長期的規劃，一步一步開始練習。否則連目標都沒有想過，只是一個模糊的開始，自己缺少什麼都不知道，如此，要怎麼學習？

當女兒開始上學之後，我才發現，原來台灣的教育，課業占比是非常重的，甚至許多孩子為了升學，會在課後去補習。我的小孩當然沒有去，因為對我來說，這些課業多半要求用背誦的方式，把龐大的資訊裝進腦袋裡，除此之外，好像少了點什麼。

如果只是背誦所有的學習內容，然後尋求唯一的正解，這樣所看見的世界，是不是也僅有一個正確答案？但世界之大，每一個環節並不能用單一事情去詮釋，它會有許多不同的角度和面向，這是思考讓我覺得最有趣的地方。當你擁有越來越多的思考判斷時，會發現原來答案背後有更多可能和未知。

音樂也是。如果不清楚自己要的是什麼，缺少的是什麼，那麼跟了再好的老師，用了再好的器材設備，也不會變好。因為所有的一切，源頭都是自己，唯有你知道怎麼做，怎麼練，才是最重要的。當你明白之後，在那些想法之中，會延伸出屬於你的獨特態度。

我在那些厲害的樂手身上，看見的態度是專心的力道，那個力量之深，讓他們無論是在練習或是表演，都能快速地展現高度。他們不只清楚自己的定位，更知道自己該做什麼，然後就是專心、持之以恆地練習。

尋找一個最適合自己的速度

什麼是練習？即代表有不足的地方必須補足。所以對我來說，練習是指練那些不會的東西，而不是重複做已經會的事情。許多人的問題，是將練習當作隨便亂彈，這其實不算是練習，只是在自己了解的層面原地打轉而已。

真正的練習是要突破不會的層面。像有一位學生，以前習慣追求技術及速度感的處理，因此來上課之後，發現許多東西無法練習。這中間之所以會產生斷層，是因過去所累積的經驗。他以前的彈奏方式，是為了加強整體速度感而大量練習，忽略了音符間的細緻處理。想要彈出每首曲子的細節，以及如何處理其中的細膩感，是需要經由思考然後慢慢地揣摩，才能彈奏出來的。

練習首要條件是，絕對不能太貪心。當拿到一首歌曲，不是急著把整首歌練完，而是要去仔細聆聽歌曲間的細節，然後慢慢地拆解音符，像是呵護孩子般地小心翼翼，一個一個慢慢來，把每個音彈好，這才是最重要的態度。否則，你一樣可以把歌曲練好，但那只是練會而已，卻少了品味的過程，其差別在於用心，這也是為什麼你彈出來的音樂會與他人不同的關鍵。

再來是如何調配練習的時間。把時間拆開來看，一周共有七天，一天有二十四小時，當生活被家庭、事業、或是其他交際應酬占據之後，你會以為自己剩不了多少時間可以練習，但卻應該改變想法，練習本身從來不需要花很多時間。

沒有變強，是因為一直很舒服

只要夠專心，一天的練習時間，只要短短幾分鐘就足矣。只是在練習之前，必須明確地寫下這段時間內，所要練習的目標與內容，才能開始練習，否則無法在結束之後，看見自己所要達到的效果。當每一次都能達成預期的目標時，你就越來越能看見自己進步的空間，更加了解接下來該怎麼練習，以及超越自己。

我們都一樣，需要一個目標才能踏實地往前，否則花了同樣的時間，卻發現只是原地繞了一圈，那就太可惜了。既然決定要練習了，就好好地朝著設定的里程碑邁進吧！

我常和來上課的學生說：「我能給予的只是分享經驗，你們自己的練習才是最重要的，如果你還是無法明白或是無法做到，請考慮停課，因為錢真的不好賺，這樣浪費的不只是你的時間和金錢，還有我的。」學習這條路，想要走得越專精，一切都得歸功於自己的練習，只要能夠專心，並且訂定目標持之以恆，你就是自己的導師。

回想我自學的過程，許多時候都是慢慢摸索出來的，在每個階段有不同的練習方式，隨著時間推移，漸漸地以前曾經習慣的，或許到現在不再適用，就會開始想辦法，如何才能讓自己變得更好。經過不斷反覆思考，腦海中各種想法互相激盪，就這樣，舊的習慣逐漸地演化出新的模式。

說到底，練習過程中我覺得最有趣的，就是不斷地突破自己。為了要超越過去，所以一直思考怎麼做，有時也會在途中遇到困難，或是走到反方向，當然會有些沮喪，有點摸不著頭緒。但是在那樣渾沌未明的狀態下，能越挫越勇的嘗試，似乎也是一件挺好玩的事情，嘗試越多，越有可能跳出框架，碰撞出想像不到的火花。

漸漸地，你會發現彈出的旋律，已經不再是單純的音色或節奏，而是屬於個人才有的獨特韻味，這樣的態度是會被聽見的，而且非常清晰。

過程和結果，哪個重要

我始終相信，越認真聆聽，並且反覆思索如何彈出想要的音樂時，會從中找出屬於自己的特質。每個人的特質都不一樣，因為你有自己的表達方式，對音符的獨特處理，這些屬於個人的味道，會透過細節的延伸而被聽見。

許多人在開始練吉他的時候，習慣先去找譜，可是那些音色、節奏的處理，是不會寫在上面的，只有先從聆聽開始，才能聽見這些過程。聽久了，會知道原來旋律是可以這樣被處理的，然後你會被那一段音色深深吸引，想要努力達到同樣的境界。一樣的歌曲，每個人彈出來的味道不同，關鍵在於表達能力。

我常常搞不懂的是，為什麼大家總習慣用最便利、最快速的方式去達到目標，而不是回到最初聆聽音樂的純粹，就只是慢慢地聽而已。以前的我，喜歡像齊柏林樂團的歌曲，因為喜歡，所以閉上眼睛反覆地聽，感受每一個音符在旋律間跳動，有時撥弦，有時滑音，有時節奏加快，有時故意拉長尾音，就像是和歌曲來場時空旅行般，走進樂手的個人視野，看見他是如何用其獨特的觀感，對待這首歌曲。

因為很喜歡音樂帶來的奇幻之旅，所以，我會希望透過自己的努力，有一天也能追趕上這些前輩的步伐，看看他們眼裡的音樂世界。

沒有一件事情是有捷徑的，如果真的有，也是像考試前臨時抱佛腳那樣，交完卷，最後雖然取得高分，但過了之後，就什麼都忘了，反而沒學到任何東西。

「學習」二字到底是什麼意思？就是學了之後，而能習用。這過程是為了自己，而不是對別人交代，更不是要跟誰比賽，重點是能不能為自己想做的事情負起責任，並且專心致志。所以，每一首曲子的學習，難的反而不是技術層面，而是面對曲子時，你能不能彈出自己的味道，當你達到時，就是我所說的學習了。

每一段學習過程中，反覆思量，逐步消化，最終琢磨成個人韻味，這是需要時間慢慢累積出來的，有點辛苦卻非常值得。因為這樣，學習到的東西會開始增加，最後累積成自己的特色。

當我越練越多時，就不再乖乖地照著歌曲的脈絡練習，而是會把其中一段喜歡的旋律取出來，成為一個新的素材，延伸成新的歌曲。這樣持續嘗試後，我不只會彈原本主旋律的歌曲，還能延伸成自創曲。不時悠遊在這些音樂之間，你會發現，原來能夠擴展的空間如此之大。

認真聽，就會了解該怎麼下手，否則那些彈出來的音符，只能淪為音符本身。別忘了旋律能帶給人感動，是因為樂手們的彈奏，賦予樂曲生命，所以，要好好聆聽其中的精神。

對我來說，自己想練的這首歌，就算要練很久很久又如何，重點是做這件事情本來就很幸福，因為我很喜歡彈琴，可以一直彈，一直彈，一直彈下去，這樣就夠了。

1995

在台北傳播藝術學院 Taipei Communication Arts (TCA) 開始教課

人生中真正精采的都在路上，而不在盡頭。

1996

在台北忠孝東路與台北傳播藝術學院 Taipei Communication Arts (TCA) 同學與同事

我很珍惜也很幸運擁有選擇的權利，直到現在，
我仍然相信到台灣，是我人生中做過最正確的決定。

1997

台北 Hard Rock Café
與台北傳播藝術學院 Taipei Communication Arts (TCA)
的同學一起表演。

2004

在台北中山北路開辦玩琴工房吉他教室
夢想，有時候不是看到了才相信，
而是相信了才看到。

2005

跟我親愛的 Connie 結婚

生命中的幸福都不是突然出現的，
而是由好多好多的小事不斷交集與累積，
一切都不可預期，一切都是驚喜。

Part

Ⅲ

決定讓什麼留在生命裡

教育本身不在於教導技術，而是經驗的分享，我們走過的路或多或少，能為後輩提供一些指引，但更重要是學習者的心態。心態決定了深度，像是挖鑿礦坑一樣，會為了找出想要的，持續地不斷挖掘，儘管弄得渾身是傷，仍想繼續往前。

同時，遇到問題時，要學著自己找答案，一味依賴現有的資訊與既成的模式，只會讓路越走越窄。怕苦又怕累，只想輕鬆做事的人，什麼也做不好。

攝影：ShoLar Wang 王小辣

就算是走了彎路，也不會一無所獲

當學生第一次來上課時，我會問他們：「你們想要的是什麼？」「老師，我想當職業樂手。」他們認為這樣的回答，就是一個目標，可是，光是「職業」本身就分了很多類型。當我再繼續問：「是哪一種職業？」接下來，他們面露困惑地說：「職業樂手不就已經代表目標了嗎？」

這是許多人的通病，只是了解片面，實際上還有很多不太清楚的地方，假如沒有做功課一一分析、理解，就無法知道自己要成為哪一種類型。當你的目標模糊，便容易偏移軌道，因為無論要做什麼，都必須有明確的方向，否則會永遠走不進核心地帶。

當初休學時，我以成為錄音型的吉他樂手為目標。我知道實力會決定一切，因此為了讓自己程度能大幅提升，決定好好練基本功。於是花了兩年時間專心練基礎，我不求多，只求每個音的穩定度。每天至少彈上七、八小時，只是為了把那個音練好，很多人聽到我這樣講，都難以置信可以如此堅持。

堅持，是因為明白自己的目標在哪，這樣一來，無論如何都能持之以恆。儘管過程中有時迷失或疲憊，但一抬頭就能看見目標，提醒著自己堅持的原因在那裡。

沒有人能告訴你，堅持下去是不是真的可以到達目標，但如果沒有往前走，機會就不會出現。我從來都不覺得結果是最重要的，就算到頭來事情的發展不如預期，那又如何？重要的是這到底是不是我所要和喜歡的，那才是重點。

很多人沒有勇氣去改變，就算想追求，也會恐懼未來的不確定，最後還是把跨出去的那一隻腳縮回來。看起來前途未卜的路，只不過是需要用時間一步一腳印，就能往前。這世界上有什麼事是確定的嗎？一次突來地震，將多少居民的家園摧毀；一場森林大火，把樹木野物燒個精光；一波肺炎疫情，帶走了眾多無辜的生命，沒有任何事是絕對的。

不為了迎合別人的期望而偽裝

無論日子會變成什麼樣，那個「變」始終是外在條件，唯一可以掌握的是你的心。你想追求什麼？你能為熱愛的事物付出，然後一直做下去嗎？可能會跌倒、會失敗，可能不切實際，但找到真正讓自己快樂的事，會對生命產生很大的影響。

一路走來到現在，我從來沒有想過，自己能走到什麼樣的境界，能確定的僅是自己熱愛音樂的這份心。它會讓我願意付出所有，然後持續地鑽研，只因我不想要讓自己的怠惰，錯過任何一個可能合作的機會，這一切努力，都是為了好好地迎接未來。

之前，有一個學生來問我：「老師，我想要去美國讀音樂學校，你覺得好嗎？」這個學生擁有令人羨慕的高學歷，當時是在銀行工作，我看著他，反問道：「你想要我怎麼回答？這是你的未來，應該問你自己吧？」最後他離開台灣，飛往美國，現在成為一個真正的音樂人。

我記得大學休學後，曾經也想去美國念音樂學校，最後因為經濟關係而作罷。也許當初走向另外一條路，現在的我會變得完全不一樣。可是，我時常想到，也許那不是我當時真正想要做的事情。如果真的想要，一定會想辦法得到。

我覺得，如果你能找到自己的興趣，是一件非常幸福的事情，因為有很多人或許過了大半輩子，都還不知道自己到底喜歡的是什麼。假如你已經找到，就不要輕易放掉，因為你已經比那些人還要幸運太多。

或許現在看來，想追求的目標遙不可及，但是，一步一步終會慢慢走到的，不要為了追求而追求。請細細品嘗過程的酸甜苦辣，也許最後沒有成功，但體驗其中的點點滴滴就已值回票價。

打開心結，放開手腳

時代進步為人帶來許多便利，卻剝奪了找答案的樂趣及思考的能力。以前那個年代，我所處的環境沒有網路、沒有電腦，想要什麼，都只能自己想辦法做出來。雖然現在一下子就能找到方法解決，的確省了許多時間，可是這中間，就少了一段浪漫的探索過程。

那段過程像是走在無光的隧道中，只知道要往前，可是無法看清眼前的事情，只能靠手摸，用腳走，感覺是不是對的方向。因此，有時候會不小心碰壁，或是跌倒，摔得滿身是傷。但漸漸地發現，隧道似乎不再這麼陰暗了，慢慢知道這裡是牆壁，那裡的地面不平，能夠運用身體的感官去感受，所以越走越快，越來越有自信。其實仍一樣在隧道中，只是不再受阻礙，並找到自己的步伐和節奏。

我想起國中時與朋友組的團，那時沒有任何樂譜，只是聽著自己喜歡的歌，一遍又一遍，陶醉在其中。為了能彈出歌曲，耐著性子反覆地聽，慢慢摸索每一個音，錯了再錯、又錯沒關係，因為這樣代表離對的音節越來越近了。

我常常說，譜是譜，你是你，彈音樂是需要全心全意的，所以前提是要把譜背起來。在背譜方面有一些規則可循，只要跟著這些原則，很快就能將譜牢記，背好譜後才能專心在彈奏上。

人總是被舊習慣拖著走，那些一路尾隨的包袱，無關好壞，只是需要一些改變以及進步的空間，否則你無法在這之中看到新的可能。

在彈音樂的過程中，幾乎都會遇到卡住的時候，有時是忘了下個音是什麼，或是忘了這個音該怎麼彈，這時腦中一片空白，那種慌張的感覺，會讓過往習慣跑出來提醒你：「直接看譜吧。」於是你就這樣快速看了一下，立刻能再繼續往下彈，漸漸地這首歌有好多地方都忘了，每一次都這樣，然後什麼都記不起來了。

我時常提醒學生：「當你們卡住的時候，要不要試著想看看？」有時候換個角度想一下，會找到答案，讓原本卡住的事情不再原地打轉，反而能走出新的視野。這樣的過程，因為多了思考而能開始消化資訊，於是在腦海中建構出答案，一次兩次後，會發現卡住的地方如骨牌效應般，一個接著一個被推倒。

有了消化資訊的能力之後，再來要懂得如何升級，否則無法突破。有一次，我問學生：「這個 Mi 的音在哪？」他用一步一步推演的方式，找到 Mi 的所在位置，因此我跟他說：「當你知道位置在哪了，下次就試著一次到位。」知道了之後，應該再去思考，有沒有更簡單的方式可以達到目標。

同一首歌曲，每個人彈出來的味道不一樣，那是因為人的思考與理解不同，因此決定了他會如何表達這首樂曲的態度。這樣的態度會讓彈出來的音樂，呈現不同的畫面，聽的人會跟著音符踏上一段旅程，你可以從中感受到演奏背後的真情流露，這正是我所重視的「音樂性」。

所以，別因追求技術而忘了音樂本身的感動，把自己從一個只會問答案的人，變成能找出答案的人吧！找尋答案的過程，比答案本身更重要，探索讓人有機會成長，帶來更多靈感和想法。尋找解決方法的同時，能力也隨之提升，相對地壓力便減輕了，這就是一種改變與進步。

慢點也沒關係

我常跟學生說：「想來學習之前，要知道能讓你進步的是自己的練習，每周上課一次，我能教的只有經驗及心態，剩下的還是要靠自己。」有時候，他們會跟我說：「老師，這周我好忙，沒時間練習。」我會說：「那下一周呢？下個月呢？」如果無法挪出時間練習，那要不要考慮一下停止課程呢？

想要做的跟能做的出現落差時，該思考的是要怎麼處理。

面對學生的時候，我總是提出各種疑問，一方面是讓他們釐清自己要的，一方面則是希望他們持續思考。過程中有些學生會離開，有些會留下來，有些開始思考，有些則還在消化階段。可是無論如何，我想要讓他們理解的是，這是自己的人生，無論是時間或是金錢，都應該好好珍惜。

當你重視自己的人生，心態和想法都會有所不同，且更關注長遠的目標，而非眼前的阻礙，這樣才能走得更遠、更堅定，不因外在影響而動搖內心。

成為會思考的人

記得第一次走進錄音室錄音的時候，工作內容是女性內衣廣告配樂。實際拿到譜時，腦中一片空白，根本不知道該彈什麼，環顧四周，發現其他樂手都是有名的人，更覺得緊張。結果因為怯場，不但無法理解樂曲之中的節奏，也一直彈不好。結束之後，被留下來約談，當下心裡知道，以後這樣的案子，大概是不會再找我了。

機會來得快，去得也快。如果一直沉溺在懊悔和痛苦當中，就沒有辦法把握下一次的機會。我開始分析自己表現不好的原因，原來緊張背後是擔心會彈錯，可是彈錯這件事情，好像也不是能控制的，因為無論緊不緊張，會發生就是會發生。所以一直在當下擔心害怕，有用嗎？如果沒用，就放掉這些，用平常心去做自己能做的，盡力完成就好。

於是，在往後的合作過程中，慢慢地調整狀態。每次上台前，深呼吸緩和情緒，提醒自己放鬆，然後一次一次越來越好。當然這一切不可能一次到位，可是透過練習，我發現這些事情是可以被改變的，而後來也得到更多的合作機會。

這也是為什麼我時常談起思考的重要性，因為每個人所要成長的部分，從來都不需要特定和某人學習，而是自己有沒有在當下好好地觀察並吸收，然後淬煉出自我成長的養分。

一名職業樂手其實在走進錄音室前，根本不會知道當天要錄製的樂曲是什麼。在錄音室裡拿到的樂譜，多半只是一些大方向的提醒，其他都是現場發揮。在成為職業樂手之前，你需要做的只是不斷地聽音樂，然後開始分析並深入研究，思考別人是怎麼呈現樂曲的。

我一直相信人生沒有什麼絕對，許多時候只差在一個轉念，當心態改變了，看事情的角度跟著翻天覆地。有一次，學生跑來跟我說，他在公司是負責管理的，因為一些事情導致工作進度被耽誤許多，讓他覺得很煩。我看著他：「可是，你還是拿得到薪水啊！比起那些被裁員的，不是幸福得多嗎？」他想了想：「對欸，至少我還保有工作！相較那些要為收入煩惱的人，的確幸福許多。」

很多事情發生了，無法改變現狀時，不如改變自己。你會發現原來可以不用死守舊的想法，而讓眼睛和腦袋重新打開。

大學休學後，我每天過著打工的生活，在通勤時間搭電車，總是面臨到擠不上車的無奈。剛開始覺得好煩，可是久了之後感覺老是這樣，似乎也不是辦法。既然無法改變通勤的時間，也不要自己的心情受影響，那不如就改變自己。於是，我開始找尋好玩的事情，像是觀察那些等車的人的表情，看看他們在幹嘛，穿些什麼，看著看著忘了當下的苦悶，臉上多了笑容，才發現原來等車也可以這麼有趣。

無論是學琴或人生，總是會遇到許多不同的考驗，像是掉進坑洞一樣，動彈不得，但如果以不同角度重新思考，是不是就有跳脫困境的可能。我自己是這樣不斷地調整方向，然後在過程中找到新的辦法，慢慢地往前，不但幫助琴藝進步，自己的心境也不知不覺寬廣了許多。

吸收新養分

最近和人聊天，常常開玩笑地說：「你看，世界變化得這麼快，現在竟出現了人工智慧，未來還會需要這些作詞、作曲的音樂人嗎？我們仍有存在的必要嗎？」假如真有那麼一天，其實對我來說，似乎影響也不大。因為音樂在我人生的定位，從來都不是職業，而是一件很喜歡以及可以投入、享受的東西。

我覺得現在的人面對興趣這件事情，像是永無盡頭的自助餐，東拿一點，西抓一些，每一樣都想試試看，可是實際吃一口後，發現與想像的有落差就放棄了。有些人可能看見跳舞的光鮮亮麗，因此想要嘗試，結果實際下去跳之後，發現不如想像的輕鬆，所以又轉向別的選擇。怕苦又怕累，只想用簡單輕鬆方式做事的人，什麼都做不好。

對自己做的事情傾注熱情，才是能經營好當下、更能經營好生活的人。畢竟，只有讓你充滿熱情的事物，才能做一輩子。現在，可取得資訊的管道太多，像聽音樂，隨便打開串流平台，不只是各種推薦名單，連帶著每位歌手的專輯，連翻推送到你面前。乍看之下，似乎聽了很多音樂，可是你聽的內容，也就這樣推著推著給推了出去，真正能留在心中的反而很少。

我常叮嚀學生們說：「只要找一個喜歡的歌手或是一張專輯，專心地聽，一直聽就夠了。」在選擇多樣的現在，更要精簡選項，不需要跟著時代潮流走，而是選擇自己真正喜歡的。

愛音樂的初心，始終不會因時代不同而改變，那些值得喜歡的，永遠無法抹滅。抱持這樣的態度學習音樂，會讓你知道自己在其中的定位。

直到現在，我在創作的過程中，有時一些曲子對別人來說已經完美，可是對我來說卻還不足。是因為這些內容還少了東西，例如沒有我的味道，那就缺了靈魂。於是，我還是會不斷嘗試，只是從不勉強，就讓它們自然發展，有時快，有時慢，重要的是我享受這樣的探索。

這是學習的樂趣所在，好好把玩你所在意的東西，就像是在限制之中找出更多可能性。

要有加法，也要有減法

有一些人會認為自己所經歷的這些，或是過往的一些觀念，應該要好好地傳承給後輩，但什麼是傳承？傳承真的有必要嗎？舊的東西未必具有價值，所以那些傳統，才會不斷地被現代的思維挑戰，而被淘汰或推翻。經驗和傳統可以提供很多幫助，這不可否認，但是隨著時代進步，環境和條件不同，新舊觀點註定會出現碰撞。

舊觀念也要有新思維，我常常看著周遭發生的事情，思考自己原本的想法，是否有哪些需要調整？當一個人不能跳脫思維的變化，將被時代淘汰，保持理解、尊重、靈活與反省能力，才能跟上世界日新月異的腳步。

回到音樂來說，如果我真的有什麼可以分享給後進的，就是對喜歡的事做到不論成敗都全力以赴、開心盡興，那種快樂的感覺是任何東西都無法取代的。每個人都有自己的路要走，路上的滋味或甜或苦，只能靠自己去體會和感受。

同樣的，我自己也仍在學習的道路上，對於那些景仰的吉他手，就像是永遠也到不了的地平線，不是純粹的技術問題，而是他們彈奏的表達方式，是我還無法到達的境界。也許距離他們很遙遠，但沒關係，我還是繼續慢慢玩吧，總之，朝期望的方向邁進，在這條路上慢慢地變好就行了。不是為了競賽，不是為了分出高低，專注做好喜愛的事就很過癮。

2016

親愛的父親過世了

父親的一言一行，深深影響我，
也為我指出了選擇的方向，
永遠不會忘記你的笑容。

2017

東京

與哥哥、姐姐和侄女為親愛的母親慶祝 88 歲生日。

2017

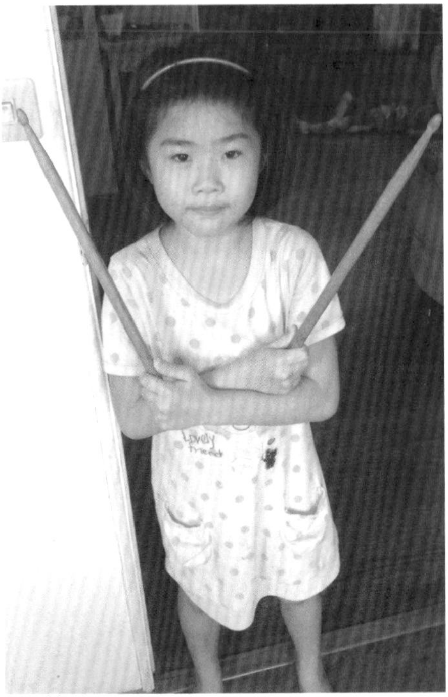

擔任小學管樂團鼓手的女兒
希望自己不要給孩子過度的保護，
阻礙了孩子自行摸索、從錯誤中成長的機會。

2018

在家裡
與親愛的女兒、兒子享受簡單的幸福。

2019

兒子的幼兒園畢業典禮

從孩子身上看見一面鏡子，
最原始的自我是喜歡就笑、不喜歡就推開，
知道自己想要什麼。

Part

IV

與不可知的未來共處

一個音樂人應該嘗試接觸一些自己不熟悉的東西，在挖掘、觀察、學習的過程中，發現一個全新的視野，這樣音樂才能越做越好。在創作的道路上，必須要不斷更新與碰撞，於模仿過後找出屬於自己且與眾不同的特色。

改變不是一件容易的事，但不改變只能原地打轉，逃脫不了泥淖的糾纏。站在世代的潮流裡，奮力脫穎而出或是被洪水無情淹沒，就看自己的選擇。

攝影：Mo Chen

人性讓音色更有韻味

一九九四年，我隨著音樂學校來到台灣，當時這裡給我的感覺，無論是音樂圈或是其他部分，都與日本非常不同，有點像是搭乘時光列車，回到二十年前的日本一樣。

當時因為二次世界大戰結束的關係，美軍進駐日本的同時，把音樂也帶了進來。坊間出現許多因應而起的美軍俱樂部，風格類型各具奇異，有搖滾，也有爵士等等，而美國人的直接個性，使得音樂間碰撞的火花更加劇烈。坐在台下的觀眾，要是不滿意台上的表演，立刻就將手中酒杯砸過去。你能想像在那樣的氛圍下，衝擊出的音樂型態會有多豐富，更加促使以往未見的曲風在這裡發聲，使日本的音樂發展愈發蓬勃。

雖然台灣同樣在六、七〇年代受到美國文化影響，陸續有美軍俱樂部在這裡出現，可是大部分音樂型態仍舊著重在民歌，實際受到國外影響的層面，並沒有像日本如此廣泛。這些原因，都讓兩地的各方面呈現出差異。

適應新文化與新生活

儘管彼此文化不同，我會決定留在此地的原因是，想要看看台灣未來的音樂發展會走到哪裡？當然前提是自己不再留任音樂學校，因為在那裡，我做的工作是管理，並不是我真正想要的。其次，我不願再待在日本的音樂圈，是因為我已經歷過那樣的環境，該是重新跳進一個新地方，產生一些新火花的時候。或許，不只期待這裡的音樂發展，更期待自己如何在此處落地生根。

話雖如此，但其實一開始是很辛苦的，要克服語言的問題，還有錄製音樂的方式完全不同。第一個讓我很錯愕的事情是，到了錄音室要錄音的時候，竟然不發樂譜，得靠自己聽曲子然後抄下來。

以往在日本，雖然樂手事前並不會知道，當天要錄製什麼音樂，可是到了現場，每個人手上都有譜，能夠了解怎麼發揮和處理。不像在這裡，要自己去記下內容，我覺得這一切都非常浪費時間，畢竟租借錄音室的費用不便宜，如果進去錄音一個小時，前面有十分鐘，都是在抄寫樂譜所能提供的內容，怎麼想都覺得不可思議啊！

後來仔細想想，發現台灣錄音方式之所以不會有譜，是因為這一套錄音系統通通都是從 midi 開始，一切以電腦編曲軟體為主，於是在這樣的過程中，自然而然就不會有樂譜這件事情。

除了這件事之外，再來就是樂手費用以及實際要負責的內容。日本樂手費用是以個人錄製時間為主，通常以一小時為基本，再往上累加。台灣的計費是以一首歌計算，因此無論花了多久時間錄製，費用都是相同的。

負責彈奏的部分也有差別，在台灣如果是吉他的話，那麼無論是木吉他或是電吉他，都是由同一個人包辦。日本的模式則會一一細分負責的人，這個人負責木吉他，另一個人負責電吉他。在台灣工作會發現，事情要做得更多，錢反而變少了。畢竟每個國家的文化與規定不同，也只能想辦法適應。

所以我剛來台灣的時候，花了很長一段時間在「適應」上面，不只是音樂，生活習慣也是。記得當初想要找一間咖啡店喝咖啡，怎麼問都找不到，因為根本沒有人在開，那時候還被笑說：「誰會付錢去咖啡店喝咖啡？」可是在全球化的影響下，跨國企業陸續進駐，星巴克開啟了第一波咖啡商機，於是一間又一間的咖啡店，如雨後春筍般出現了。

台灣人應變能力快，做了再說

台灣人似乎總是有一種先做了再說的心態，對每件事情並不會躊躇太久，如果想要開店，那就先開了吧，以後真的遇到什麼困難，再調整就好，重要的是千萬不可以輸在起跑點上。

反觀日本人無論什麼事情，都必須事先計畫，一步一步準備，統整各方面的資料，想好所有會發生的問題，然後才會真正去做。所以從有了念頭到實際落實中間，會花上許多時間，而這一切只能建立在沒有緊急狀況發生的基礎上。如果萬一有什麼突發事件，就會無法緊急應變，甚至有完全處理不來的可能。台灣人雖然沒有日本人嚴謹，但相較之下，更多了一點隨性的感覺，也因為這樣的態度，導致應變能力非常快。

第一次感覺到兩者的差別，大約是在二十年前，關西大阪附近發生大地震，摧毀了許多建築物，因為從來沒有碰到如此重大的事情，所以日本人處理的反應慢，他們不只思考怎麼善後，更會擔心行動後引起的反彈，會不會有人抗議或是之類的，總而言之就是想太多，導致應變能力不佳。當時唯獨中華街恢復良好，沒什麼訣竅，就是為了想要趕快重新營業，所以動作很快。

我常常在想，如果這兩個文化能綜合該有多好。我自己其實也是經歷了一段混亂期，那種混亂是原有的信念，與實際面對的新想法，因矛盾而不斷拉扯。會讓人產生懷疑，眼前發生的事似乎無法用舊有的想法解釋，於是慢慢地，我開始重組與改變自己。世界上沒有什麼是不變的，時代也是。

站在世代的潮流裡，每個國家的文化快速地合併相容。隨著那些跨國唱片入駐台灣市場，我們身處其中，會發現整個社會形態正在走向個人化，不再只是單一地追求某一位偶像，而是每個人開始可以選擇自己喜歡的、想要的東西以及音樂類型，內容越來越豐富，主流與非主流之間早已模糊了界線。

台灣音樂圈的發展程度已經很好，但有件令我擔心的事，就是隨著時代而來的人工智慧，會不會取代音樂人？有一次，學生分享一個音樂軟體給我，只要把歌曲放進去，會自動幫忙篩選出所有樂器的單獨聲音。試想一下，現在的科技已經可以做到這樣的地步，往後發展的局面根本無法想像。在如今這個大量仰賴電腦做事的時代，是人在主導，還是科技在引導，已經沒有一定的答案。

享受生命的歷程

我們無法掌控全球趨勢會怎麼發展，能做的就是面對這些變化，然後定位自己。唱片錄製的起因，是因為人們想要把現場表演錄下來，可以一直重複聽，所以開始研發技術製成專輯。

今日的錄製方式則是完全相反，透過後製，將每一首歌曲修飾到近乎完美的狀態，然後為了在現場能夠呈現出，與專輯完全相同的聲音，所以會在正式表演之前，先錄些音軌，然後把它們整理設計好之後，再播放出來，為的是要將錄音的成果，完整地呈現在聽眾面前。

為了讓每一次的現場表演，都能夠超越錄音，所以後製介入了錄製過程，確保每一個音色能在完美狀態下出現。

不只現場表演的初衷，早已消失殆盡，同樣的，樂手相對以往是輕鬆多了，因此就不會著重在自己的功力提升上。我還是希望音樂本身，能夠回到最初的原點，就是現場無法做到的事情，錄音就絕對不做，因為那並不是我做音樂的方式。

繞了一大圈，最後決定退居幕後，專心從事音樂教學，因為，我想看看新一代音樂人的未來方向。這一次不是從音樂圈出發，而是由一位老師的角度，用教學的態度，跟著學生的視野，大步向前。

把包袱放下

在剛開始教學初期，遇到最大的困難是，在台灣多半都使用簡譜，所謂的首調的方式，而這個習慣，可能是因為那卡西時代演化而來，前提是為了當場先看歌手的音域，把同一首歌曲的 key 轉調的時候也要立即反應，然後把歌曲的和弦和旋律彈好，穩穩地把整首曲子彈對，而不是為了要將內容做變化，往更多方向發展。

在來台灣之前，我從來沒有看過簡譜，這對我來說是非常大的衝擊。但我覺得，簡譜與五線譜，其實有好有壞，並不能以偏概全；只是在教學上，我會和學生說，假如你想要能夠即興彈奏，就得學會看使用固定調與絕對音，因為這樣才會懂得如何去做變化。

改變，並不是一件容易的事情，尤其是你已經擁有了，更放不下。許多學生平常在工作上，多半只需要簡譜就好，既然不是非得用到的地方，其實很難把原本的觀念真正拋下，重新接受一個新的開始。

如果真的想要，就會拿出行動力去改變，為了改變，就會努力練習。我覺得，沒有一件事情是不可能的，總會有辦法可以找到出路，只是前提為，你自己想不想、願不願意放下原本的習慣，再重新來過，然後持之以恆的練習。這個的確有難度，不過，我並不強求學生，因為到頭來，是他的人生，並不是我的，所以主導權不在我身上。

最簡單的事最難堅持

在課堂中，我最重視的是基礎，一般人會覺得練基礎很無聊。你看著那些樂曲，一心想要快速練好整首曲子，卻沒有注意到細節，自己又彈得不紮實。

或許，你可以很快地把一首歌曲練起來，可是細聽之後，發現每一個音並不能準確地彈出來，這樣不只一首歌練不好，相對的，接下來每一首歌也很難練好，所以這正是我一直強調的，基礎得花時間，還有慢慢練。

當我決定要成為職業錄音樂手的時候，我知道基礎的重要，因為所有錄製的內容，都是講究個人實力，如果你的基礎不穩，如何能擔當職業錄音樂手？

所以我每天花七到八小時，都只是在練所謂的基本功，就這樣一直練、一直練，前後加起來大概有兩年的時間，這期間，我沒有去彈奏任何曲子，只是單純地苦練。

聽到的人都會很震驚，因為很少人會像我這樣在練吉他，多半早已一首接著一首的曲子彈奏下去了。可是我知道自己的目標在哪裡，為了要達到那樣的標準，我明白當下該練習什麼。

當時的堅持，完全不知道最後會變成什麼樣，如今我發現，正是因為累積了基礎，因此現在的我，能夠清楚辨識出音色間細微的差距。

每一個人要選擇的路都不同，所以我常會和學生說：「目標為什麼這麼重要，是因為那會影響你選擇之後的發展。」假如自己沒有方向，就不會看見自己之後的成果，所以要認真的思考，自己學習的目標是什麼。

往心裡的方向去

我從錄音工作到教學領域，人生走了一大半，卻沒有注意到時間的存在，直到父親生病離開之後，我才開始對時間有了不一樣的感觸。有時候流逝得太快，會讓我忘了時間的可貴，以為自己可以做很多事情，像年輕時立定志向一樣，未來十年一定要幹嘛幹嘛，可是轉眼間我也不再年輕，而關於未來，一點也無法想像，因為自己還有多少時間，根本無從得知。

或許是因為這番體悟，因此想要留下一些自己的東西，所以決定錄製一張個人的專輯，然後因為聯合製作人甯子達（Bass）有些認識的國外樂手，於是除了我力邀的頂級鼓手村上秀一之外，其他則跑遍了世界各地與不同人合作，其實過程滿好玩的，因為對象不一樣，會產生很多火花。

《The Flow》這張個人專輯在二〇一四年十一月十一日發行，我只是單純地想留下一張屬於自己的音樂，可是有些人建議報名隔年的金曲獎，雖然我對這些沒有很大的興趣，但是也想試看看，就這樣都交給甯子達和唱片公司去報名金曲獎了。

得獎完全在意料之外

當時，連他們報了什麼獎項，我都不清楚，直到宣布入圍之後，才知道是演奏類最佳專輯獎的項目。我本來要甯子達出席去現場領獎，不過他有工作，只好由我代表去。

我一直都不是那種擅長社交的人，面對大眾總是渾身不自在，怎麼樣都無法融入，只是有時候迫不得已，才會站在鏡頭前，否則我是無論如何都不會選擇上台的。

很多人都跟我說：「你有辦法想像嗎？第一次報名就入圍還得獎，你太幸運了！」我看著他們：「是嗎？既然很難得，那之後還是不要報好了，哈哈哈。」我當然不是隨便說說，以後如果還有再推專輯，可能是不會報名了。

回到得獎本身，當然很開心，可是那並不是我製作專輯的初衷，我為的是要留下自己的東西，而不是拿獎。像我這種演奏類為主的專輯，無論得不得獎，都比不上流行音樂所帶來的影響，只是知道自己的人變多了。我並不會因為知名度，而多收幾個學生，因為我還是只有一個人，也只能依照自己體力教少數幾位學生。

演奏類的音樂圈，相對流行音樂圈，算是一個小小世界，而我儘管得了獎，也還是在這個小小世界中。

所以得不得獎，或是要不要報名，都不重要。或許有人會說，得獎就是一個動力，但是得獎之後，接下來呢？難道追求的動力，只是為了追求知名度？為了得到一座獎？

我覺得我是不需要動力的，因為那代表背後有什麼力量在趕你向前，似乎並不是你真正想做的。我的意思是，如果這是你真正想做的，根本不用管什麼動力，早已經是每天都在做的事情了。

當我完成個人專輯之後，其實還有一個小小的夢想，就是希望組一個團，專心地玩音樂。因為自從國中之後，就沒有真正以玩音樂為出發點去組團，而這個新樂團的組成，讓我非常期待，因為這一次，會和以前所有的形式非常不一樣。

為了只練一首歌曲，我們第一次練團花了四個小時，通常這個時間可以把一場表演的十多首歌練完，可是我們在意的是，在每個段落間，大家會如何去發揮，彈出想要的感覺。慢慢來，不用急，因為我們沒有把目標想得很遠，只要在這首歌當中，盡情玩就好。

沒有完美的選擇

走在音樂這條路，回過頭來看，雖然有許多辛苦的地方，可是現在想想，反而是多了點趣味。

最辛苦的時候，大概就是大學休學之後，還曾經因為收入不穩定，跑去吃雜草，怎麼想都覺得這個行為很好笑，而且那次還吃到拉肚子。我覺得，在每個過程中，所感受到的艱難，似乎都只是當下感覺，在那個時候，會覺得對未來迷茫，所以就容易放大對「苦」的感受；假如換個方向想，變成是期待將來的發展，那似乎也沒有多苦了。

所以，當遇見無法承受的狀況時，不妨試著將自己變成第三者，這樣才會看見不一樣的地方。

有些人可能會因為環境的改變，而影響自己原本對音樂的初衷，可是我會想，重要的其實是自己，和環境有什麼關係，不是嗎？

或許因為科技帶來的進步，讓音樂品質越來越好，但我會質疑，如果你一直朝著便利的方向前進，好像會失去更多。

我喜歡玩音樂的感覺，那種玩，只是一種喜歡，就像我與吉他的兩人世界一樣，在那裡，只有我們，沒有其他人。所以我會選擇一條不這麼方便的道路前進，因為我想要試看看，還有沒有別的方法，可以玩出不一樣的可能性。

在音樂路上相遇

一路走來，我一直覺得自己是幸運的，因為既能做自己喜歡的事情，又可結合工作，但能走到現在，並非我自己努力就可以，而是身邊那些人的支持以及幫助。

首先要感謝的是自己的父母親，因為沒有他們，就不會有現在的我，而在音樂方面帶給我許多啟發的人，分別是鼓手村上秀一，以及音樂學校的董事。從村上秀一身上，看見的是音樂圈的市場，以及自己能夠學習與進步的空間，但在音樂學校，卻學習到音樂之外的事情。

以前的我，並不是一個敢把事情放給別人處理的人，但是進到音樂學校之後，因為負責的是管理工作，所以開始觀察董事是如何在用人。我發現，他非常懂得用人，並且信任對方，漸漸地我開始改變，然後在教學上，也比較會期待別人的想法超越自己，而並非先提自己的看法。人與人之間的真誠，是不需要言語的，一個眼神就能感受到背後的真心誠意。

我人生中最重要的人，就是老婆 Connie。當時，我跟著音樂學校來台設立分校，她也正好在學校裡面學音樂，因而相識。之後我決定留在台灣時，因為收入並不穩定，但她卻沒說什麼，直接替我承擔起生活費用。

我們相處的方式，基本上還滿奇怪的，從一開始交往，就不太過節日，也許是成長背景中，對於這些事情本來就不太重視。總而言之，相處起來非常輕鬆，從來都不會想要控制對方，或是有什麼非得要做的急迫感，我們對彼此是完全的信任。

從交往到結婚，似乎都是自然發生的。記得有一天，她突然問我：「可以搬來和你一起住嗎？」我想了想，也沒什麼不可以，就開始同居了，然後覺得時候到了，可以結婚，也就這樣完成終身大事。

與老婆認識將近二十年的時間，我覺得，她給我最大的影響，就是對我的所作所為百分之百支持，而且不問原因。她像是一道溫暖的陽光，永遠照耀著我，提醒著我，就像那首寫給她的同名單曲《Connie》封面照一樣。

我想起的畫面是一起散步的時光，一直走著走著，靜靜地陪伴著彼此，儘管沒有什麼對話，卻是一種肩並肩的踏實感。我在創作這首歌曲時，想著的就是這份溫暖的踏實。我要說的是，假如沒有她的默默支持，就沒有現在的我。

2011

在西門河岸留言

跟學生一起辦音樂活動「玩琴 Party」。

2012

台北 Neo Studio 蕭敬騰演唱會
與日本吉他手增田正治。

2012

美國康乃狄格貝塞爾
與美國朋友表演。

2014

東京 Somewhere 錄音室
錄製個人專輯 The Flow 的曲子，與我的恩師村上秀一。

2015

西門河岸留言 The Flow Band 表演
與我的音樂夥伴甯子達（攝影：ShoLar Wang 王小辣）。

2017

台北錄音室 Lights Up Studio
與 Anie Fann 專輯《我的國語你聽不聽得懂》製作人王永鈞
和范安婷。

2017

台北瓦器錄音室
製作范安婷 Anie Fann 專輯《我的國語 你聽不聽得懂》。

2017

台北 Corner House 角落文創
日本 SUGI GUITARS 講座，
與台灣名錄音吉他手倪方來老師。

Part

V

珍惜你愛的和愛你的

一個人的成就，得歸功於許多人的牽成，否則很難完成所有的大事。只是，人容易健忘，忙著忙著，就忽略那些重要的小事，它就這麼被擱著，晾在角落。我想，每個人的初心，肯定都沾染了許多塵埃，應該是時候把它拿出來，好好整理一下了。

台前的風光，是幕後的汗水和淚水堆砌而成，這些流汗和流淚的人，可能是親密的家人，也可能是至交的好友，他們都有一個共通點，就是不求任何回報。在享受歡呼的同時，回過頭擁抱他們，說聲謝謝吧！

用吉他彈奏人生

在決定當音樂人之前，我曾經閃過一個念頭，那就是不如當演員好了。一開始有這樣的想法，是因為演員可以扮演不同的角色，應該很有趣。可是很快就打消念頭，被迫回到現實，原因是我本人個性非常害羞，根本無法在大家面前開口講話。

現在想想，還是覺得很奇妙，因為自己雖然無法站上舞台演戲，平常卻喜歡觀察人的個性，會默默記下每個人的性格、表情，以及動作等等。有些怪怪的，有些皮皮的，有些正經八百，各種類型全在我的腦海裡整齊有序地排列著，就像服裝間裡一排排的戲服。在每一首創作完成、命名的時刻，像是演員穿上戲服的瞬間，這一次所要扮演的角色，就是這個。我每一次都在心裡這樣想著，雖然當不成演員，卻是透過音樂在演戲。

我一直都覺得音樂世界裡沒有第一，只有唯一，因為無法分出勝負，每個人都有自己的獨特性，這些是會一點一滴地流露在所做的事情上面。如果個性害羞，彈奏出來的曲風就會流露出羞怯。玩音樂最大的樂趣，就是站在樂器前面，能夠盡情陶醉其中，然後開始扮演不同的角色。

認清自己的強拍與弱拍

假如你看見我本人，會發現真正的我，與音樂上的我，截然不同。可是這中間唯一不變的，就是我的味道，無論風格類型怎麼轉變，我仍然是我。

有些人會無法理解我在玩音樂的這種感覺，他們多半是夾帶壓力的，那種壓力來自於把對音樂的喜歡，與職業這件事直接畫上等號。甚至到最後，會為了要上班，而放棄玩音樂。這樣的決定，我始終很難理解，因為如果是喜歡，應該可以一直做下去的，不會輕易搖擺不定。

可能是我從來不把音樂當成職業。說真的，如果有一天無法再繼續教學，那麼，我會去找別的方法賺錢，但是音樂這件事情我會一直玩下去，因為我對音樂，只有源源不絕的喜愛。

那種態度正是與別人不同之處，更是獨特的味道，因為當目的不同時，從中獲得的感受也會隨之不同。

像有些學生，平常的職業是上班族，只利用業餘時間，或是周末，到不同地方去表演音樂。他並不會因平常上班而看起來倦怠，反而是一種享受的快樂，那正是因為他對音樂的出發點，乃一份熱情，而不是賺錢的工具。

講來講去，我還是覺得，重要是自己知不知道什麼是真正想做的事情，當你完全了解時，無論如何都會堅持下去，不會再受到旁人言語而動搖。

當你決定這麼做的時候，你會發現理想之外，還有許多現實面要考量，這些東西，並不能只是一竿子打翻完全不管，而是應該先去面對問題，然後開始找方法解決，如何完成自己想做的事情。

其實想做自己要的事情，前提為負起所有責任。假如在過程之中，面臨到的一切困難只想逃避，那就是一種自私的行為。所以在想做自己之前，必須要有這樣的體會，拿出負責的態度應對。或許這條路不太好找，可是漸漸地，你的定位越來越清楚，你是誰越來越明顯。

每個人就像是一瓶陳年好酒，隨著時間的發酵，會孕育出不同的風味，身處的環境、自身經驗、以及面對困難時所做的決定，都會影響最後的口感。

常常會有人問我：「《The Flow》這張專輯的風格是什麼？」我想了又想，這個問題太難回答了，因為沒有一定的風格，而且重要的是，這就是我，並不是模仿什麼的曲子，而是從我人生和音樂上的經驗出來的專輯。所以我可以大聲說《The Flow》這張專輯的風格就是我「門田英司」。

多留一點時間給家人

有一次，女兒因為要寫教師節卡片給老師，結果不會寫名字，被我大罵一頓；我覺得，如果連名字都不能好好寫，那這份卡片的心意，就無法順利被傳遞了。

有時候我們總會忽略這些小事，覺得好像沒什麼，畢竟對生活不會有太大的影響，但是，時間是從來不會停下腳步的，等你跟上，一轉眼間，不只自己變老了，孩子也長大了。事情無法永遠不變，卻有許多事重複發生。

你可曾注意到，是誰每天替你煮飯，替你整理家務，替你洗遍衣物，那些生活中的繁瑣小事，天天都在重複發生，可是，好像並不容易察覺。我們的眼光，總是放在這些之外，卻忽略了這些之內。

有個令我印象深刻的故事。故事裡的小女孩，某天和媽媽吵架，她就這麼奪門而出，決定離家出走，走著走著又餓又累，兩眼無神地望著麵攤，期待能吃上一碗陽春麵，可是自己走得匆忙，一毛錢也沒帶。

她失落地坐在路邊，突然間，一個男人靠近，帶著關懷的眼神詢問：「你需要幫忙嗎？」於是，他替小女孩買了一碗麵，讓她坐在一旁享受那份溫飽。小女孩面露感激之情，不斷感謝，並且說：「我一定會報答你這份恩情。」男人回望著：「你現在這麼感激我，可是你的家裡，一定有某個人每天都煮飯給你吃，你也一樣會用這份感激去對待他嗎？」

常常感謝每天為你付出的人

人之間的距離太近，近到好像忘了很多東西，反而多了許多理所當然的態度。可是，家人好像才是我們最應該感激的。

人之所以能夠為人，都是無數個人相互幫助而成，因為所有的的事情，很難是自己可以獨立完成，就像是我要做音樂，如果沒有老婆在旁協助，打理家務和帶小孩，我又怎能專心地去做想做的事情呢？

只是這些日常的事情，就是因為太過日常，所以容易被遺忘，忘了感謝。有時還要透過一些事情的發生來提醒自己，把時間留給重要的人，並且好好地對他們說出心中的感謝，表達誠摯的心意。

自己身為人父後，才體會到父母對孩子的關愛，是不需要任何理由以及言語的，尤其是孩子的單純，會直接感受到我所有的情緒。而在相處之中，也能輕易地察覺孩子對我的喜愛，那些感覺是非常直接且真實的。

我很喜歡在相處之中的那種純粹，卻同時有點感慨，因為這樣的簡單，隨著時間的遞增，漸漸地會跟著環境以及自己成長的狀態，而開始慢慢起變化，再也回不到原本的樣子。

《新天堂樂園》的啟示

很喜歡《新天堂樂園》這部電影，描述的是一個小鎮在科技發達前，每個人唯一的娛樂，就是跑到電影院裡面看電影。大家擠在小小的空間裡，或許有些悶熱，卻完全不影響期待大螢幕跑出影像的喜悅。

故事是講述一個小男孩與電影播放師之間的情誼，最後小男孩離開城鎮，去大城市發展，而小鎮也因時代的腳步，變得不一樣了。後來男孩成了名導演，再度回來這個小鎮，那位播放師已經過世，留下一捲膠卷送給男孩，裡面全是那些電影中被剪掉的親吻片段，一幕接著一幕。電影院只有男孩，他眼眶泛紅，閃過一段又一段，那些在戲院發生的點點滴滴。

不知道為什麼，這部電影的結尾，在我心中烙印許久，感覺時代無論如何更迭，也帶不走真正會留下的東西。當然現在的我，還是會走進電影院，看不同類型的電影，像是動作片等，跟著那些英雄們跑遍世界，拯救地球，可是最後，我卻怎麼樣也記不得到底演了什麼，好像所有事情，都跟著電影結束而消失了。

卻唯獨《新天堂樂園》，它整個播放的時間是如此緩慢，慢得讓人跟著一路慢下去，那些鏡頭都像是定格般地存放在心中，默默地發酵，不斷地隨著電影的腳步，持續回味。

我想終究是沒有什麼一定能留下來的，但可以確定的是，把心思放在重要的事情上，把重要的人放在心上，然後如實地傳遞那份心意，這樣一來就不會錯過些什麼。

讓新從舊中發芽

對我來說，每一個物件就像是時間的濃縮，在那裡可以看見當下自己的心情，以及想要購買的感覺。所以我不太會隨便丟東西，如果有什麼缺損，寧願想辦法修復，也不會急著要去買一個新的。

全新的東西，代表它不但是新的，連帶著那些回憶以及使用過的觸感，都一起消失了。

或許有人會以為，我可能擁有很多把吉他，可是我常常強調，自己是吉他手並不是收藏家，買了吉他是為了要好好彈奏，而不是把它供奉起來保存，維持它剛被收購的樣子。

我的吉他來來去去，目前剩下的幾把，其中最喜歡的是和我同年（一九六〇年）

出生的 Fender Stratocaster。一直以來都很想擁有，可是如果講求年份以及保存狀況，它的價位少說上百萬跑不掉。後來在日本的一間店中，看見了這把，因為重新烤漆後，價位不是那麼難入手，於是，我就一直觀望著，有點猶豫，是不是該買下它。

直到有一次回日本，親自走進那間店，試彈這把吉他，當我的手指輕輕滑過時，驚覺：「就是這個音！」掩蓋不住內心的喜悅，並且暗自慶幸，還好沒有被人買走，就這樣，它跟我回家了。

以前製作的東西與現在其實差別滿大的。就吉他來說，光是木頭的材質就影響很多，因為樹木的年齡早已超過好幾百年，這樣的陳年木頭密度高，所以製作出來的成品，所產生的共鳴就不同，反觀現在，早已找不到這種木頭了。

當我買到了人生最愛之後，偶爾會看到一些不錯的品牌。可是看看自己，怎麼樣也只有兩隻手，能彈的有限，光是每天要抽出時間來練習，都已經如此可貴了，更何況手邊至少有五六把琴，如果還想買其他的，不是對原本的琴有點抱歉嗎？畢竟，琴是想要被彈的，總不能一直被冷落在一旁吧。

犯錯總比不做好

活到現在這把年紀，身邊的物件或是某些人，似乎都漸漸在走向崩壞，像用了將近三十年的電視機，最近也壞了，如今電視機的厚度，已經變成液晶薄螢幕，時代的變化，原來是如此劇烈的。而我也有點感慨的是，時間的確是不等人的。

自從父親過世之後，其實還有些從小一起長大的同學也陸續離開，我覺得自己已經無法再像從前那樣，想著以後可以做什麼，我只剩下現在。有一天，我甚至開始算著，自己還剩多少天，假設是活到八十歲，那就只剩下兩三萬天而已，這樣真的非常少，換算成薪資，也才剛剛超過基本工資一點點。

一輩子看似很長，其實好像也沒這麼長。有時候回想起以前的樣子，覺得那些好像離自己沒這麼遠，可是認真一想，確實離自己很遠了。那些回憶讓人有點懷念，像是高中生活，常常跟同學翻牆去新宿玩，或是和隔壁學校相約打架，結果等著等著，因為尿急先離開，警察就來了，自己的同學都被帶走，原來是對方先通知警察，害得大家被抓，可是我卻意外躲過一劫。

還有在棒球場練習的時候，因為看見喜歡的女生要走下樓，一時恍神，結果就像偶像劇演的那樣，球飛過來直接打在自己臉上，碰的一聲倒地不起，還被教練大聲斥責。

那些日子，就像是層層堆疊的記憶，往往要走了很遠之後，才能看見累積的東西。像是每天都存十塊錢，幾年後口袋裡可能就有一筆錢。假如每天只是「過」日子，沒有實際累積自己的東西，似乎就無法留下些什麼。

或許想做的事情很多，那就設定每一個階段的目標，慢慢地一步一步去達成。短時間內也許看不到什麼成果，但是走著走著，再次回頭的時候，原來自己已經做了這麼多。

總之，想做什麼就快點行動，因為時間是不等人的。

好壞都是難得的體驗

我在做的事情，常常與自己預期的不太一樣。以前的我想當職業樂手，結果後來，居然在東京傳播藝術學院台北分校（TCA）擔任副校長。對我來說，管理這件事情，是完全沒有興趣的，但因為我不會對自己沒做過的事情，就輕易說放棄，所以抱持著一種試看看的心態就去做了。

無論是自己或是整個體制，其實都是在理想與現實間拉扯，學校也不例外。當時的領導階層，把學校當作一種服務性質的企業，希望在教育之外，能夠讓更多學生願意一直在這裡學習，因此認為學校裡的每一個人，都應該創造這樣的環境，如此一來，才能有穩定的收入來源。

可是站在老師的角度來說，就不會是相同的看法，而是以教育為出發點。我覺得最麻煩的事情，就是當時扮演的角色，剛好介於這兩者之間，因此常常得去做協調。

協調最難的地方，就是必須要有轉化的能力。在傳遞之間，如果只是把對方所說的，一五一十地對另外一個人講出，這樣不但無法做到溝通，更會加深彼此間的嫌隙。為了能正確轉達，我花了很多時間，去闡述這些不同言語背後的意義，然後讓雙方少些爭執，多份理解。

雖然最後我還是離開了，但不得不說，這樣的經驗為我之後的教學，帶來許多啟發性的改變。因為我知道每個人，都不喜歡被強迫做事，所以無論是在教學，或是合作上，我採取的是比較開放的態度，並不會逼對方照我的方式去做，而是創造一個空間，盡量讓對方發揮。我會花更多時間在等待，並且期待對方彈出自己預期之外的可能。

用自己的方式找自己的路

我一直都認為，沒有一個人可以有資格去評斷他人的好與壞，只有個人的喜好問題而已。什麼是好音樂，什麼又是不好的音樂？相信沒有一個創作者，是為了做出一個不好的音樂而創作，只是最後呈現出來的東西，會因為自己本身的程度以及用心與否而有所差異。

所以，我從來不會去批評他人的音樂，因為我尊重的是創作本身，而撇除這之外，剩下的就是別人的創作，是不是我喜歡的類型而已。

聽音樂這件事，本來就是一個主觀思維。同一首歌可以產生不同的想法，因為每個人聽見的都不一樣，有些是旋律，有些是歌詞，有些則是氛圍。我覺得都沒有不好，只是大家的出發點不盡相同罷了，所以，我不太喜歡當評審的。

我曾經擔任過幾次評審，坐在那裡，工作人員會給你一張評分表，密密麻麻的格子，請你填上每一位參賽者的分數。我不會是現場唯一的裁判，但當時心裡只有一個疑問：「到底要比什麼？怎麼評分？」

首先讓我質疑的地方是，評審之間對於分數的定義，肯定是有落差的。也許我認為的中等表現是五分，但對他來說是七分；或許這個人的表演是他喜歡的，所以給了比較高分，可是那不是我喜歡的，分數可能就會有所差異。我想，無論怎麼樣，這始終都不是站在一個公平的基準線去評斷的。

再來則是，這場比賽到底在比什麼？每個人帶著自己的歌曲前來，每個表演都不盡相同，有各種類型以及風格，並不是像古典音樂比賽那樣，大家都是表演同一首曲子，這樣我能明白比得是參賽者怎麼傳達這首曲子。

如果表演的東西不一樣，即失去了那個可以依循的標準，那我真的不知道該怎麼評分，因為無法拿蘋果或香蕉來比較哪個營養價值高吧？畢竟它們本來就是不同的水果，就像歌唱比賽般。

所以，我每次坐在評審台上，內心總會糾結一番，要我評出高低，真的不是那麼容易，因為我不認為自己有這麼大的權力，可以決定別人表演的好與壞。

回到音樂這件事情上，我覺得並沒有一定的標準可言，似乎也不能以一場比賽的勝負來判斷優劣。有時，聽見那些選秀節目過後，會有許多謾罵的聲音，質疑某人為什麼會勝出，或是誰應該被淘汰。大家似乎都忘了，自己同樣也是以一種主觀的角度在評論。

音樂真正的目的，是要帶給人歡樂的。請想想第一次聽見音樂時的興奮，或許一句都聽不懂，可是看見唱的人似乎很開心，不自覺也跟著旋律扭動了起來，把剛剛原本的不愉快，慢慢地就一掃而光，現在全身只有跟著音樂搖擺的享受，就這麼簡單而已。我到現在都還能想起，自己第一次聽見披頭四樂團的感覺，怎麼會有這麼好聽的音樂，如果可以，我也想要彈出那樣的曲子。音樂的魅力就是如此。

2014

就是我
（攝影：Mo Chen）

2014

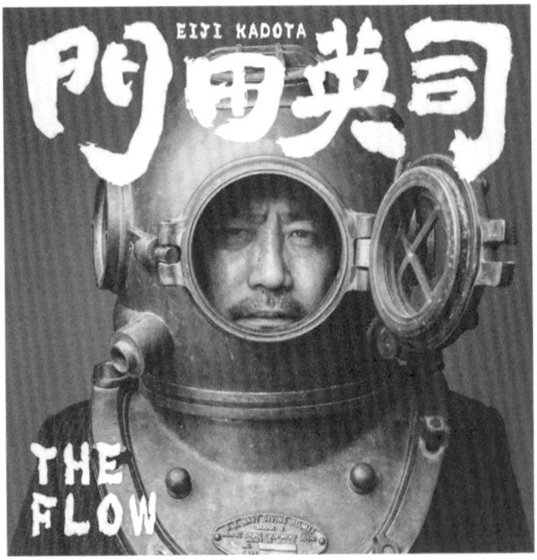

第一張個人專輯《The Flow》封面
（攝影師：Mo Chen）

2015

西門河岸留言 The Flow Band Taiwan Tour
Guitar 鄭劭華，Bass：甯子達，Keyboards：呂聖斐，
Drums：Adriano Moreira
（攝影師：ShoLar Wang 王小辣）。

2015

台中 Legacy
The Flow Band Taiwan Tour（攝影：凃凱傑）。

2015

台中 Legacy
The Flow Band Taiwan Tour（攝影：涂凱傑）

2017

范安婷 Anie Fann 專輯
《我的國語 你聽不聽得懂》封面照。

2017

台北 Legacy
范安婷 Anie Fann 專輯《我的國語你聽不聽得懂》Taiwan Tour
（攝影：ShoLar Wang 王小辣）。

2017

台北 Legacy

范安婷 Anie Fann 專輯《我的國語你聽不聽得懂》Taiwan Tour

Guitar：門田英司 / 葉超，Bass：甯子達，Keyboards：呂聖斐 / 李宜玲，Drums：恭碩良，Backing Vocals：芳怡 / 企鵝貓
（攝影：ShoLar Wang 王小辣）。

Part

VI

學生眼中的門田

每個來玩琴工房的學生，都有各自的想法，以及所要追求的目標。這次邀請了三位，分別是職業樂手林志鴻、以職業樂手為目標的鄭耀，以及將音樂當作興趣的謝金龍。他們從學生的角度，來談談這位導師，有著與其他人如何不同的教育方法，為他們的音樂以及人生之路，開啟了多元的視界。

從地基開始慢慢蓋出夢想

我是林志鴻，目前是位職業樂手，在認識門田老師之前，已經在Pub擔任駐唱歌手一陣子了。二〇〇六年，之所以會想找老師學習，是因為自己本身雖然彈奏音樂很久了，卻好像無法真正理解音樂本身，導致對於自己所要彈的內容，不知有所變通以及調整。

在找老師的過程當中，曾經詢問身邊那些吉他彈奏程度不錯的朋友，他們多半推薦門田老師。我抱著好奇的心態，開始上網搜尋有關他的資料，讓我最驚訝的是，儘管他是日本人，卻非常用心地用中文架設了玩琴工房的網站，裡面細心地介紹了許多資料，讓我對這位老師，產生極大的興趣，如果跟著他學，不知道會讓自己的音樂走向什麼方面呢？

我跟著門田老師學習，前前後後約九年的時間，期間曾經因經濟關係暫停過幾次，最後仍決定復學的主要原因是，門田老師身上好像永遠有挖不完的寶藏。

回想起第一次上課，因為老師的口音以及口頭禪，讓我稍微有點不適應外，感覺他更像個醫生，總能對症下藥，然後指出所有我應該改善的部分。

當我們生病需要看醫生的時候，醫生除了詢問症狀，以及檢查身體外，最後就是開處方拿藥，老師似乎也是這樣。在還沒有使用電腦之前，他的講義會用不同的A4資料夾分類，然後每當我問問題時，他就像一位大夫在抓藥一樣，抽出其中一張為我解惑。

當然，現在已經從紙本講義延伸到電腦上的資料夾了，但我還是非常敬佩這樣的整理，畢竟要把這麼龐大的資訊分門別類，還得在聽見問題時，快速拿出對應的內容，實在是不容易。

從他身上，我學到最多的，就是如何將資訊組織化，這個過程需要大量的思考，才能把東西重新排列組合，不只影響我個人彈奏音樂上，同樣地，我在教別人吉他時，也會用這樣的方式去授課。這種授課方式，前提為腦海裡，已經非常清楚每一個內容的脈絡，否則是很難拿出來隨時做使用。

我的學習道路，因老師而開始拓展廣度，不同以往其他老師的風格，因為一切系統化，因此每項內容都能清楚明白前因後果，所以，從一開始的不知道為什麼而彈，經歷了不但會彈，還知道彈的是什麼，到現在的隨心所欲而彈。我已能夠重新調整那些內容，並且用我的方式去詮釋。原來，要走向隨心所欲，前面必須經歷過這麼多的理解，以及一位導師的指引，才能慢慢地聚焦自己所要的樣貌。

現實不總是美麗，仍願繼續浪漫下去

我是謝金龍，純粹是個喜歡吉他的學生。記得大學指考結束的那一年暑假，心情倏地放鬆下來，就想要找點什麼事情來做做，恰好朋友正在玩吉他，我看著看著，也就這樣開始了。

會認識門田老師，主要是因為身邊有些朋友在上他的課，看著這些人的吉他越彈越厲害，讓我對門田老師的課越來越有興趣，於是就上網排隊報名。

等了將近一年的時間，通知可以去上課的時候，剛好是我退伍那一年。最初跟著老師學習時，我的確是想把音樂當作職業。那時準備找工作的我，投了兩份履歷，一份是錄音室助理，另一份則是新媒體的編輯，最後，我得到的是後者。我想，那也許是一個提醒，現實與夢想之間的差距，還是要取得平衡。所以，如果我真心喜歡音樂，那就不要為它施加壓力，盡情去玩吧！

老師的課給我最大的感受是，似乎怎麼樣都不會被問倒，這件事對我來說，由衷地佩服。因為老師的學生類型五花八門，有的是木吉他，有的是電吉他，無論哪一種，他都可以游刃有餘。

老師的教學風格也是如此。上課內容是他自己發展出來的系統，與其他老師比較不一樣，他會提供各種方法，去輔助你想學的，以及到達的目標。

除了音樂的技巧之外，上他的課，有時候連吉他都沒摸到。老師常常會分享過去的經驗，包括遇到工作或生活上的問題，也可以找他討論，他總能提出不太一樣的想法，讓我比較能專心在自己真正想要的部分。

那也是我最景仰老師的地方，因為他知道自己的熱忱在哪裡。他常常說，自己最喜歡的就是吉他，即使餓到吃路邊野草，也會繼續彈。但是喜歡與賺錢是兩回事，因為目的不同，所以，他會知道如何去權衡事情的優先順序。

前陣子在上課的時候，我沒什麼想法，立刻就被老師罵了，他說：「你不可能沒有想法！你要知道自己現在在做什麼，為什麼彈這個？」接著，他會運用一些方式，慢慢地引導你走出來。

我從二〇一四年九月，開始跟著老師到現在，時間過得比想像中還要快。他常常要我們去思考的，不只影響每一次彈琴的想法，連帶著面臨生活中的抉擇時，也都能想起，然後越來越清楚自己的定位。

我們之間亦師亦友，有時課堂不完全是純粹教課，更多時候是分享彼此的想法。有時我看到不錯的視頻，會帶去和老師一起觀賞，他看了也有興趣，於是課堂結束後就會自己練習，等到下次上課時，和我分享練好的樣子。或是我帶著自己喜歡的效果器過去，當場就和老師較量，看誰的比較好，整堂課就是這樣子在玩。

或許音樂對我來說，無法像老師這樣，可以結合興趣和職業。但只要能開心玩音樂，這一切就足夠了，更何況還能和一個這麼有熱忱的老師一起玩。

在每個時刻做好每件事

我是鄭耀，目前就讀於台北藝術大學，未來不知道會如何，可是希望朝著職業樂手的方向前進。以前的我，因為想要自彈自唱，所以開始練習吉他，曾經找過不同的老師學習。後來發現每位老師，似乎都以學生要的領域，去做適合的教學，像是想彈搖滾樂的，就教導這種曲風下的所有東西。

但是，門田老師就不一樣，反而是直接提出要補足的地方，若沒有太多想法和設限，那麼，他的教法同樣也會走向開放性的態度。

跟老師上課至今兩年半，因為他嚴謹的態度，有時還是會讓我稍微緊張，可是，這些日子的收穫比想像中的還要多。在還沒有和老師學習之前，我雖然知道指板的複雜，卻一直沒有找到一個好的方式去記憶，導致彈奏上也無法有效率地練習。但老師是一個要求大量思考的人，每次上課前，總會詢問：「這次回家練習有沒有碰到什麼問題？」

透過每一次的提問，就會促使你開始去整理自己的問題，而老師則會針對這些問題，提出他的見解與看法，慢慢地，那些看似很複雜的疑惑，似乎就這樣被理解、甚至被熟悉，在彈奏上也就越來越有效率去練習。

練習這件事對老師來說，取決於自己的態度。態度一直是他非常看重的部分，因為心態決定了一切。老師常常說：「練習的目標，不是技巧本身，而是把你想彈的東西，能夠順利彈出你要的感覺。」他並不會特別規定，我們每周要練完哪些東西，而是讓我們根據自己的狀況去調整，因為練習的範圍不在多寡，而是有沒有練到，即使只練了一小部分，盡力把這個部分練好，那這樣就是練習了。

雖然我目前的狀況，要承受的壓力並不小，一邊上課，同時工作，並且每周都要去練習，像是被時間追著跑的感覺，可是我不覺得辛苦，反而感覺這些壓力像是人生的啦啦隊，鞭策我在每個時刻，做好每一件事情。

學習到現在，老師就像是為我開啟了另一扇門，讓我看見原來吉他不只是這樣，顛覆過去既有的思維，無論是在和弦、音階想法，或是聽力訓練上。在編排過程中，每種手法所帶出的不同聲響，該如何去聽每個和弦的呈現，以及對應到所要彈奏的樂曲上，屬於它們的關係是什麼……這些內容，反反覆覆，帶給我的早已不是彈奏吉他的程度提升，更多時候，是音樂的全體樣貌。

課堂中老師常常會問：「最近有沒有編曲？彈來聽聽！」在分享的過程裡，他會開始聊他所聽見的，才發現原來我的想法在他的感覺中，有這麼多不同的變化。如此來來回回的腦力激盪，漸漸地擴大了我的視野。

我的目標不會只是職業樂手，而是期許自己在任何一個場合，無論編曲或是彈奏，都能做出有內容的音樂；且在其中能聽見我的想法，知道我想表達什麼就好了。

2018

台北強力錄音室
錄音單曲《Connie》。

2018

台北強力錄音室
錄音單曲《Connie》。

2020

台北強力錄音室

錄音新樂團 That Metro Kid 那個地鐵小子第一首主打演奏曲。
（攝影：ShoLar Wang 王小辣）。

2020

台北強力錄音室
錄音新樂團《That Metro Kid 那個地鐵小子》第一首主打演奏曲。
（攝影：ShoLar Wang 王小辣）。

2020

台北聽央樂工作室

新樂團《That Metro Kid 那個地鐵小子》啟動。
吉他 Guitars：門田英司 Eiji Kadota & 鄭劭華 Ernie Cheng，
鍵盤 Keyboards：李艾璇 Aihsuan Lee，貝斯 Bass：曹瑋 Marcus Tsao，
鼓 Drums：李定楠 Wumin Hola

國家圖書館出版品預行編目 (CIP) 資料

做夢的勇氣 / 門田英司著 . -- 初版 .
-- 臺北市 : 沐光文化 , 2020.10
面； 公分

ISBN 978-986-98288-9-5(平裝)

1. 自我實現 2. 生活指導 3. 成功法 4. 音樂

177.2 109012005

做夢的勇氣

作　　者 門田英司
設　　計 三人制創
內頁排版 游萬國
採訪編輯 呂佳蓁
總 編 輯 陳毓葳
社　　長 林仁祥
出 版 者 沐光文化股份有限公司
發　　行 沐光文化股份有限公司
台北市大安區安和路 2 段 92 號地下 1 樓
電話／ (02)2805-2748
E-mail：sunlightculture@gmail.com
印　　製 通南印刷股份有限公司 **電話：**(02)2221-3532
總 經 銷 大和書報股份有限公司
電話：(02)8990-2588 **傳真**：(02)2299-7900
地址：新北市五股工業區五工五路 2 號
E-mail：liming.daiho@msa.hinet.net
定　　價 330 元
初版一刷 2020 年 10 月